Quitter la France

LE GRAND GUIDE DE L'EXIL

FRÉDÉRIC ROYER

QUITTER LA FRANCE

LE GRAND GUIDE DE L'EXIL

DOCUMENT

ring.fr

ÉDITIONS RING

Collection
DOCUMENT
–
RING
www.ring.fr
–

« Le véritable exil n'est pas d'être arraché de son pays ; c'est d'y vivre et de n'y plus rien trouver de ce qui le faisait aimer. »

Edgar Quinet

SOMMAIRE

Les 20 meilleurs pays où aller vivre

INTRODUCTION

Vous voulez quitter la France.

Vous n'avez pas juste envie de partir à l'étranger pendant un temps, histoire de changer d'air avant de revenir au pays, riche de nouvelles expériences culturelles.

Non.

Vous voulez quitter la France. Définitivement. Lui dire adieu. À jamais. *Hasta nunca*.

Et ça devient urgent.

Parce que les grèves, la chute du niveau de l'enseignement, la corruption des politiciens, le laxisme des juges, ça va bien un moment.

Et la paupérisation, le chômage non résorbable, le déclin démographique, l'agonie des services publics, l'insécurité, le véganisme, le vivrensemblisme, le macronisme, vous n'en pouvez plus.

Pas plus d'ailleurs que les cacas de chiens, le temps pourri, la télé débile, le mauvais cinéma subventionné et le brigittemacronisme.

Or, malheureusement, la grande apocalypse climatique annoncée ne grillera probablement pas la France de votre vivant.

Il faut donc partir.

Bon, pour être honnête, vous avez plutôt le sentiment que c'est la France qui veut que vous la quittiez. Parce qu'en vrai, vous y seriez bien resté, dans la France de votre enfance. Celle qui n'existe plus que dans vos souvenirs et dans les archives de l'INA, ces images que l'on regarde ébahi en se demandant ce qui a pu foirer à ce point…

Il existe pourtant une bonne nouvelle. La France n'est que l'une des 197 nations de cette planète. Oui, cela fait 196 pays où s'escarpincer.

Alors, comment choisir ? Nous allons utiliser pour ce faire la multitude de classements internationaux régulièrement publiés dans à peu près tous les domaines. Vous en connaissez certains, les plus médiatisés : les pays où on vit le plus vieux, les pays qui offrent la meilleure éducation, etc. Vous allez en découvrir beaucoup d'autres, que vous pourrez croiser pour découvrir le pays qui correspond le mieux à ce que vous êtes et à ce que vous recherchez.

Qui es-tu, l'expatrié ?

Dans le monde, le nombre d'expatriés approche les 70 millions. Les plus nombreux à s'installer à l'étranger sont les Étatsuniens. Ils sont suivis par les Britanniques, les Allemands, les Indiens, les Italiens, les Français, les Canadiens, les Australiens, les Sud-Africains, les Néerlandais.

Les Français font donc partie de ceux qui quittent le plus volontiers leur pays, et de plus en plus : depuis dix ans, le nombre de Français à l'étranger inscrits au registre dans les consulats a crû de 35 %. Selon le ministère des Affaires étrangères, ils sont 1,8 million, mais l'inscription au registre n'étant pas obligatoire, on estime qu'ils sont en réalité entre 2,5 et 3 millions.

Les jeunes composent 34 % de nos expatriés, les vieux 15 %, et le reste – les gens entre 25 et 65 ans – 51 %. Un peu plus de la moitié (50,1 %) sont des femmes (la population française métropolitaine comptant 51,5 % de femmes).

Par régions du monde, 49 % des Français à l'étranger vivent en Europe, 20 % sur le continent américain, 14 % en Afrique du Nord et au Moyen-Orient, 8 % en Afrique subsaharienne et dans l'océan Indien, et 8 % en Asie.

Enfin, selon les registres des consulats, le pays accueillant le plus grand nombre de Français est :

1. la Suisse (près de 190 000)

Puis :

2. les États-Unis
3. le Royaume-Uni
4. la Belgique
5. l'Allemagne
6. le Canada
7. l'Espagne
8. le Maroc
9. Israël
10. l'Italie

Le pays accueillant le plus petit nombre de Français est le Tadjikistan (seulement une quarantaine), puis la Papouasie-Nouvelle-Guinée, le Soudan du Sud, la Moldavie, le Turkménistan, la Guinée-Bissau, l'Ouzbékistan, la Mongolie, le Botswana, Brunei.

Qui es-tu, celui qui veut s'expatrier ?

Si on les écoutait, presque tous les Français voudraient s'exiler – du moins les plus jeunes : selon une étude du Boston Consulting Group, 79 % des vingtenaires, et 73 % des trentenaires s'affirment désireux de s'expatrier. Alors que tous pays confondus, les chiffres sont respectivement de 61 % et 58 %.

Les raisons alléguées par les sondés sont :

1. Vivre des aventures (46,1 %)
2. Trouver de meilleures opportunités de carrière (40,4 %)
3. Avoir un meilleur niveau de vie (34,8 %)
4. Avoir une vie plus tranquille (29,2 %)

5. Vivre dans le pays de ses rêves (29,2 %)
6. Baisser le coût de la vie et/ou les taxes (22,5 %)

Alors, oui, ce n'est pas exactement les raisons que j'évoquais un peu plus haut, j'étais peut-être un peu énervé, pardon. Et puis, je suppose que lorsqu'on répond à une enquête du Boston Consulting Group, on n'ose pas forcément se lâcher.

Choisir l'exotisme ou le familier ?

Avant de commencer à explorer les différentes destinations qui s'offrent à vous, il convient de vous interroger sur vos capacités d'adaptation. Saurez-vous parler correctement la langue ? Vous accommoder à la culture, aux traditions ? Voire aux méthodes de travail ?

Dans un premier temps, vous devriez aller faire un petit tour dans les pays qui vous intéressent, histoire de *ressentir* celui qui vous conviendrait. Dans l'idéal, vous voudrez vivre dans le pays qui vous donnera ce sentiment d'être chez vous – une sensation qui peut parfois l'emporter sur la liste des « pour » et des « contre ». Bien sûr, la présence de famille ou de connaissances peut aussi vous amener à favoriser un pays particulier. À l'inverse, vous pouvez être attiré par l'exotisme de destinations peu familières. La contrepartie peut en être une adaptation longue et difficile.

Que faire de votre conjoint ?

La plupart des Français (quatre sur cinq) s'expatrient avec leur conjoint. Or, d'après une enquête de la Caisse des Français de l'étranger, plus d'un tiers des conjoints « suiveurs » estiment avoir sacrifié leur carrière pour pouvoir suivre leur moitié. Et, lorsqu'ils trouvent un poste à l'étranger, il est très souvent inférieur à leurs attentes, notamment en termes de rémunération.

Pourtant, ces mêmes couples affirment que l'expatriation a un impact positif sur la relation à deux, et sur les relations familiales dans leur ensemble : pour plus de 90 % des parents interrogés, l'expatriation est vécue comme très positive pour leurs enfants.

Bref, vous pouvez emmener votre conjoint avec vous.

Il est temps maintenant de déterminer le pays de votre exil.

Vous pouvez le choisir d'après deux grands critères : selon ce que vous êtes, ou selon ce que vous cherchez.

LES PAYS DANS LESQUELS VOUS POUVEZ VOUS INSTALLER SELON CE QUE VOUS ÊTES

Il convient tout d'abord de définir les grands traits de votre personnalité.

Ces traits, pris un par un ou combinés, détermineront les pays dans lesquels vous pouvez vivre – ou au contraire ne pas vivre.

VOUS ÊTES UNE FEMME

Nous commencerons, par pure galanterie hétéro-patriarcale, par poser le fait que vous êtes une femme, comme 51,5 % de la population française – enfin, sans compter les transgenres, les non-binaires et ma tante qui en a, bien sûr.

Vous souhaiterez dans ce cas certainement aller vivre dans un des pays considérés comme globalement les « meilleurs » pour les femmes.

C'est une fameuse entreprise de médias étasunienne, US News & World Report, qui publie chaque année, dans son classement *Best Countries*, le palmarès *Best Countries for Women*. Il est basé sur les réponses de 9 000 femmes vivant dans 80 pays, et repose sur 65 critères regroupés en cinq catégories : l'égalité des sexes, l'égalité des revenus, la sécurité, les droits humains, le progrès – quel progrès, on ne sait pas, mais c'est forcément pertinent.

Le meilleur pays pour les femmes est :

1. la Suède*

Les neuf pays suivants sont :

2. le Danemark
3. le Canada
4. la Norvège
5. les Pays-Bas
6. la Finlande
7. la Suisse
8. l'Australie
9. la Nouvelle-Zélande
10. l'Allemagne

▸ **La France se place quant à elle à la 14e position.**

On note dans ce palmarès la forte représentation des pays d'Europe du Nord. Nous y reviendrons.

Nous nous voyons en revanche dans l'obligation de vous déconseiller les pays pointés par le Georgetown Institute dans son *Women, Peace and Security Index*, selon lequel le pire pays pour être une femme est l'Afghanistan. Viennent ensuite : la Syrie, le Yémen, le Pakistan, la République centrafricaine, la République démocratique du Congo, l'Irak, le Mali, le Soudan, le Niger.

* Les Suédoises interrogées pour l'enquête sus-présentée habitent peut-être dans les quartiers les plus huppés des grandes villes, ou alors dans la *kampanj* profonde, ce qui expliquerait pourquoi elles ne semblent pas au courant des plus récents chiffres de cette délinquance qui accable désormais le pays. Selon le ministère de l'Intérieur, la proportion de femmes victimes d'abus sexuels est passé de 1,4 % à 3 % en trois ans. Quant au Conseil national suédois pour la prévention des crimes (le Brå, pour l'acronyme vernaculaire), il indique que les Suédoises sont désormais 31 % à se sentir en insécurité quand elles sortent (25 % de plus que l'année précédente). Oui, la Suède a bien changé, et ce n'est pas fini...

VOUS ÊTES UN HOMME

Arrivés à ce stade, on peut légitimement se demander si les meilleurs pays pour les femmes sont les pires pays pour les hommes. Et si inversement, les meilleurs pays pour les hommes sont les pires pays pour les femmes.

Eh bien, on ne sait pas. Car si vous êtes un homme, il n'existe aucune étude internationale indiquant quels sont les meilleurs pays pour vous.

Alors bien sûr, j'en entends déjà certain.e.s s'exclamer, ébahi.e.s par tant de naïveté, que c'est normal, puisque TOUS les pays sont les meilleurs pour les hommes, puisque c'est le principe même du système patriarcal institué depuis des millénaires, et gnagnagna.

Oui. Bon. Encore une fois, si vous me trouvez les chiffres...

VOUS ÊTES UN ENFANT

Ce livre n'étant pas interdit à la vente aux mineurs, il est possible que vous soyez un enfant.

Et dans ce cas – même si vous êtes un garçon, c'est-à-dire un futur homme –, il existe des chiffres vous concernant. Oui, si vous envisagez de quitter la France – les raisons ne manquent pas, depuis la dispute avec vos parents jusqu'à votre maîtresse d'école qui vous sous-note –, l'ONG Save the Children a enquêté pour vous.

Selon son *Global Childhood Report*, se basant sur des critères tels que l'espérance de vie à la naissance, la nutrition, la scolarisation, le travail, le mariage ou la maternité, appliqués à 176 nations, le meilleur pays pour les enfants est :

1. Singapour

Puis viennent :

2. la Suède
3. la Finlande
4. la Norvège
5. la Slovénie
6. l'Allemagne
7. l'Irlande
8. l'Italie
9. la Corée du Sud
10. la Belgique

Soit sur les dix meilleurs pays, huit européens et deux asiatiques.

▸ **La France est en 19e position.**

Par contre, les statisticiens de Save the Children sont clairs. Si vous êtes un enfant, évitez avant tout la Centrafrique, ainsi que le Niger, le Tchad, le Mali, le Sud-Soudan, la Somalie, le Nigeria, la Guinée, la République démocratique du Congo, le Burkina Faso.

Oui, tous ces pays sont malheureusement situés sur le continent africain. Alors bien sûr, il est probable qu'en tant qu'enfant expatrié, vous bénéficierez par rapport aux locaux de certains avantages dus au niveau de vie plus élevé de vos parents.

Note : ces recommandations sont également valables si vous n'êtes pas un enfant, mais les parents d'un enfant.

◆

Si vous êtes un enfant, ou si vous avez un enfant, Singapour est donc le meilleur pays du monde pour grandir, notamment grâce à l'accès à une éducation et à un système sanitaire de très bonne qualité. Les menaces sur l'enfance qui sont une plaie dans tant d'autres pays – les mariages précoces, le mauvais accès à l'éducation... – n'existent pas à Singapour.

Le secret de l'excellence du système éducatif singapourien – qui a contribué à faire du pays une des économies les plus performantes du monde – tient à la qualité des enseignants, et au fait que l'importance de l'éducation est instillée aux enfants dès le plus jeune âge.

C'est parfait, vous dites-vous, mais c'est également loin, Singapour. Vous voulez un prétexte pour ne pas vous y installer ? Eh bien la réussite scolaire a, comme dans d'autres pays asiatiques, une contrepartie : le stress scolaire. Et l'une des conséquences en est l'obésité infantile...

VOUS ÊTES JEUNE

Grandissons un peu, et passons de l'enfance à la jeunesse. Si vous êtes un jeune et que vous souhaitez vous casser définitivement du pays qui vous a vu grandir, le Commonwealth Secretariat peut vous indiquer le chemin.

Selon son *Global Youth Development Index and Report*, basé sur cinq critères (niveau d'éducation, santé et bien-être, emploi, participation civique et participation politique), appliqués à 183 nations, le meilleur pays pour les jeunes âgés de 15 à 29 ans est :

1. l'Allemagne

Les neuf pays suivants sont :

2. le Danemark
3. l'Australie
4. la Suisse
5. le Royaume-Uni
6. les Pays-Bas
7. l'Autriche
8. le Luxembourg
9. le Portugal
10. le Japon

Là encore, huit pays européens sont les meilleurs pour les jeunes.

▸ **Et encore une fois, la France se place à la 19e position.**

Quant au sondage *Millennials' Pick : Best Countries to Live* de l'US News & Report, il nous donne des indications un peu différentes. C'est en Australie que les *millennials* interrogés aimeraient vivre. Puis au Canada, en Italie, en Nouvelle-Zélande, en Suède, aux Pays-Bas, au Royaume-Uni, aux États-Unis, en Irlande et en Espagne.

Sinon, comme les enfants, vous voudrez éviter plusieurs pays africains. Toujours selon le *Global Youth Development Index and Report,* le pire pays pour les jeunes est en effet la Centrafrique. Elle est suivie par le Tchad, la Côte d'Ivoire, le Niger, la Guinée équatoriale, la Guinée-Bissau, le Mozambique, la Zambie, la République démocratique du Congo, le Mali.

Sans vouloir nous mêler de ce qui ne nous regarde pas, c'est un souci, puisque la population jeune ne cesse de croître en Afrique subsaharienne. Selon le docteur Mo Ibrahim, créateur de la Fondation Mo Ibrahim pour la bonne gouvernance en Afrique, « l'Afrique est un continent de jeunes ; dans trois générations, 41 % de la jeunesse mondiale sera africaine… ».

VOUS ÊTES VIEUX

Abordons maintenant la douloureuse question de la vieillesse. Si vous êtes un vieux et que vous souhaitez vous exiler, vous devez le faire rapidement – en clair, avant de devenir impotent ou de vous faire expédier à la Résidence des Pissenlits par une famille ingrate.

Selon le *Global Age Watch Index* de l'ONG HelpAge International, se basant sur quatre critères (santé, sécurité des revenus, capacité à travailler, environnement propice – mesuré par l'accès aux transports, la sécurité physique, les relations sociales et les libertés individuelles) concernant 96 nations, le meilleur pays pour les personnes de plus de 60 ans est :

1. la Suisse

Elle est suivie par :

2. la Norvège
3. la Suède
4. l'Allemagne
5. le Canada
6. les Pays-Bas
7. l'Islande
8. le Japon
9. les États-Unis
10. le Royaume-Uni

▸ **La France est en 16e position.**

Le pire pays pour les personnes de plus de 60 ans est l'Afghanistan, suivi par le Malawi, le Mozambique, le Pakistan, la Tanzanie, la Zambie, le Rwanda, l'Ouganda, l'Irak, le Nigeria.

◆

Si la Suisse est le pays n° 1 pour les vieux, c'est entre autres grâce aux politiques mises en œuvre pour promouvoir la santé et un environnement leur étant favorables. Une personne de 60 ans peut ainsi s'attendre à vivre encore 25 ans, dont 19 ans en bonne santé. La Suisse présente aussi un excellent taux de satisfaction parmi les personnes âgées concernant les relations sociales et la liberté civique.

Mais gare. La vie est chère en Suisse. Vous serez peut-être amené à prendre un travail à temps partiel pour vous aider à financer votre nouveau style de vie. Heureusement, même les personnes âgées trouvent assez facilement du travail dans de nombreux secteurs, comme celui du tourisme.

Travailler vous permettra également de ne pas trop vous ennuyer (soyons honnêtes, l'ennui est une des spécialités suisses au même titre que le chocolat). Pour vous occuper, vous pourrez aussi faire du ski. C'est à peu près tout.

VOUS ÊTES HÉTÉROSEXUEL

Bien. Nous avons vu où il convient de s'exiler en fonction de son sexe et de son âge. Il serait peut-être temps d'examiner les destinations en fonction de son orientation sexuelle. Alors, le meilleur pays si vous êtes un homme ou une femme hétérosexuelle est le... la... euh...

Attendez.

En fait, il n'existe aucun chiffre, aucun classement concernant les meilleurs pays où être hétéro. Un peu comme pour les hommes, quoi.

Alors j'entends les mêmes que tout à l'heure s'exclamer derechef que c'est normal, puisque TOUS les pays sont les meilleurs pour les hétéros, puisque c'est précisément le principe du système hétéronormé institué depuis des millénaires, et gneugneugneu.

Soit.

VOUS ÊTES HOMOSEXUEL

Donc, si vous êtes une personne homosexuelle, comme environ 4 % de la population, et que vous voulez aller voir si l'herbe est plus arc-en-ciel ailleurs (oh, jolie formule !), le *Spartacus International Gay Guide* va vous orienter.

Basé sur cinq critères (législation anti-discrimination, mariage ou partenariat civil, adoption, droits des transgenres, égalité de l'âge du consentement), appliqué à 197 nations, le *Gay Travel Index* a déterminé que le meilleur pays pour les homosexuels est :

1. le Canada

Il est suivi par :

2. le Portugal
3. la Suède
4. l'Espagne
5. le Danemark
6. les Pays-Bas
7. le Royaume-Uni
8. la Belgique
9. la Finlande
10. la Norvège

► **La France se place à la 17e position.**

Le pays le moins *gay friendly* (le plus *gay unfriendly*, donc), en fonction de six critères (illégalité de l'homosexualité, influence de la religion, restrictions d'entrée aux porteurs du VIH, hostilité des indigènes, meurtres, peine de mort), est la Somalie. Puis l'Arabie saoudite, l'Iran, le Yémen, les Émirats arabes unis, la Libye, l'Afghanistan, le Qatar, le Malawi et le Cameroun.

◆

On vient de le voir, huit des dix pays les plus *gay unfriendly* sont musulmans. Pourtant, il existe certains pays musulmans où l'homosexualité est légale. Eh oui.

Le Kazakhstan. Les relations homosexuelles y sont légales, mais les couples homosexuels ne bénéficient tout de même pas des mêmes protections légales que les couples hétérosexuels mariés.

Bahrain. L'homosexualité a été légalisée en 1976.

Le Mali. Bien que l'homosexualité soit légale, les croyances culturelles et religieuses la voient comme immorale. Et il n'existe pas de lois anti-discrimination protégeant les homosexuels de harcèlement ou d'abus.

L'Azerbaïdjan. L'homosexualité a été dépénalisée en 2000.

La Turquie. L'homosexualité est légale depuis la création du pays en 1923. Et sous l'Empire ottoman (prédécesseur de la Turquie), l'homosexualité avait été légalisée dès 1858. Les couples de même sexe n'ont toutefois pas les mêmes protections légales que les couples hétérosexuels.

Le Liban. L'article 534, section 377 du Code pénal libanais a été invalidé par un juge de la cour de Jdeideh en 2014, dépénalisant ainsi l'homosexualité. Le Centre national de psychiatrie a également déclassifié l'orientation sexuelle non hétérosexuelle de son statut de trouble mental.

L'Indonésie. L'homosexualité privée et non commerciale entre adultes n'est pas pénalisée. Les couples homosexuels n'ont toutefois droit à aucune des protections légales dont bénéficient les couples hétérosexuels.

VOUS ÊTES PROGRESSISTE

Nous venons de découvrir les pays dans lesquels vous devriez vous installer en fonction de ce que vous êtes – c'est-à-dire de ce que la nature a fait de vous. Mais vos gènes, dans leur magnanimité, vous ont aussi laissé un certain libre arbitre. Vous pouvez par exemple décider, en toute conscience, de voter pour n'importe laquelle des endives nous servant depuis quelques décennies de présidents ou de députés. Plus globalement, vous avez à un moment de votre vie opéré des choix de pensée fondamentaux. Ainsi, vous êtes soit plutôt progressiste, soit plutôt conservateur.

Si vous êtes progressiste, le pays qui vous conviendra le mieux, car justement le plus progressiste, est :

1. l'Islande

Arrivent ensuite :

2. la Finlande
3. la Suède
4. la Norvège
5. la Nouvelle-Zélande
6. la Slovénie
7. la Suisse
8. le Danemark
9. l'Irlande
10. le Royaume-Uni

▸ **La France est 18e.**

Ce classement vous est fourni par le site d'assistance au déménagement international MoveHub, qui a combiné des données du *Global Gender Gap Report*, du *Social Progress Index* et du *Environmental Performance Index*, basées sur des critères tels que l'égalité des genres, les droits des minorités, la sécurité personnelle ou la qualité de l'environnement.

Le pays le moins progressiste est le Yémen. Puis le Mali, l'Iran, le Pakistan, le Tchad, l'Égypte, l'Arabie saoudite, le Liban, le Swaziland, l'Éthiopie.

VOUS ÊTES CONSERVATEUR

Si en revanche, vous êtes conservateur, eh bien c'est la même punition que pour les hommes et les hétéros : il n'existe aucun classement pour vous.

Il serait bien sûr tentant de décréter que les pays les moins progressistes sont les plus conservateurs. Mais avouons que la liste ci-dessus ne correspond pas vraiment à la définition courante du conservatisme dans notre société...

Parce que si on vous envoie dans un pays que vous espérez gouverné par un Nicolas Dupont-Aignan local, et que vous vous retrouvez en fait sous la férule du maréchal Oussama Ibn Kalach, vous allez demander à être remboursé du prix de ce guide.

VOUS ÊTES CROYANT

Un autre choix fondamental gouverne la vie de nombreuses personnes sur cette planète : le fait de croire, ou pas, à un esprit supérieur en général qualifié de « dieu » – mais aussi Cthulhu, le Flying Spaghetti Monster, voire Edwy Plenel pour les plus atteints.

Si vous êtes croyant, quelle que soit votre divinité de prédilection, vous vous sentirez probablement plus à l'aise dans un pays où il y a beaucoup de croyants.

Selon un sondage international mené par le consortium d'entreprises de sondages WIN/GIA dans 169 pays, le pays comprenant la plus grande proportion de croyants est :

1. l'Éthiopie (99 % de croyants)

Puis viennent :

2. le Malawi
3. le Niger
4. le Sri Lanka
5. le Yémen
6. le Burundi
7. Djibouti
8. la Mauritanie
9. la Somalie
10. l'Afghanistan

Mais, plutôt que le nombre de croyants, peut-être chercherez-vous plus un pays où on vous laissera pratiquer en paix – et, si vous n'êtes pas pratiquant, où on vous laissera penser ce que vous voulez et le manifester de la manière qui vous semblera appropriée.

Selon une analyse du *think tank* Pew Research Center, combinant deux critères (politiques gouvernementales et acceptation sociale), le pays proposant la plus grande liberté religieuse est :

1. le Brésil

Suivent :

2. l'Afrique du Sud
3. les Philippines
4. le Japon
5. la République démocratique du Congo
6. le Royaume-Uni
7. l'Italie
8. la Corée du Sud
9. les États-Unis
10. le Mexique

À l'inverse, d'après la liste *Countries of Concern* publiée par le Secrétariat d'État des États-Unis, le pays ayant les pires restrictions religieuses est la Birmanie. Puis la Chine, l'Érythrée, l'Iran, la Corée du Nord, le Soudan, l'Arabie saoudite, le Tadjikistan, le Turkménistan, l'Ouzbékistan.

VOUS ÊTES ATHÉE

Si vous êtes athée, il est possible que vous vous sentiez mieux dans un pays où les athées sont nombreux.

Selon le sondage WIN/GIA cité plus haut, le pays comprenant la plus grande proportion d'athées est :

1. la Chine (90 % d'athées)

Puis viennent :

2. la Suède
3. la Tchéquie
4. le Royaume-Uni
5. l'Azerbaïdjan
6. la Belgique
7. l'Australie
8. le Vietnam
9. la Norvège
10. le Danemark

Par ailleurs, selon le *Freedom of Thought Report* de l'ONG International Humanist and Ethical Union, se basant sur quatre critères (loi et gouvernement, éducation des enfants, famille et communauté, liberté d'expression), le meilleur pays pour les athées est :

1. la Belgique

Puis :

2. les Pays-Bas
3. Taïwan
4. la France
5. le Japon
6. Nauru
7. São Tomé-et-Principe
8. la Norvège
9. les États-Unis
10. l'Estonie

Le pire pays pour les athées est l'Arabie saoudite. Puis l'Iran, l'Afghanistan, les Maldives, le Pakistan, les Émirats arabes unis, la Mauritanie, la Malaisie, le Soudan, Brunei.

VOUS ÊTES CHRÉTIEN, MUSULMAN OU JUIF

Mais, si vous êtes croyant, au lieu de vous installer tout bêtement dans le pays qui compte le plus de croyants, peut-être voudrez-vous vous installer dans le pays qui compte le plus de croyants de votre religion. Le rapport du *think tank* Pew Research Center est là pour vous aider.

Le pays où se trouve la plus grande proportion de chrétiens est (hormis le Vatican) :

1. la Roumanie
(99 % de chrétiens, principalement orthodoxes)

Viennent ensuite :

2. Malte
3. le Vénézuela
4. la Grèce
5. le Paraguay
6. le Pérou
7. le Salvador
8. la Papouasie-Nouvelle-Guinée
9. le Timor oriental
10. l'Arménie

Le pays où se trouve la plus petite proportion de chrétiens est la Somalie (0,01 %), puis le Maroc, l'Afghanistan, le Bangladesh, le Yémen, l'Iran, l'Algérie, la Tunisie, la Mauritanie, la Turquie.

Le pays où se trouve la plus grande proportion de musulmans est :

1. l'Afghanistan
(99,7 % de musulmans, principalement sunnites)

Il est suivi de :

2. la Tunisie
3. l'Iran
4. l'Azerbaïdjan
5. le Yémen
6. la Mauritanie
7. le Maroc
8. l'Irak
9. le Niger
10. la Somalie

Le pays où se trouve précisément la plus petite proportion de musulmans est difficile à estimer, puisqu'il existe 19 pays où les musulmans représentent 0 % de la population : l'Arménie, la Bolivie, le Chili, Cuba, la Corée du Nord, le Costa Rica, la République dominicaine, l'Équateur, le Guatemala, Haïti, la Jamaïque, le Laos, le Nicaragua, le Paraguay, la Papouasie-Nouvelle-Guinée, le Pérou, Porto Rico, le Salvador, l'Uruguay.

Le pays où se trouve la plus grande proportion de juifs est, on s'en doute :

1. Israël (73,6 %)

Il est suivi par :

2. les États-Unis
3. le Canada
4. la France
5. la Hongrie
6. l'Uruguay
7. l'Australie
8. le Royaume-Uni
9. l'Argentine
10. la Belgique

Le pays où se trouve la plus petite proportion de juifs est encore plus difficile à estimer que pour les musulmans, puisque les juifs sont absents de la plupart des pays.

◆

À une époque – la nôtre – où de plus en plus de juifs se voient obligés de quitter la France en raison de l'antisémitisme, il est bon de rappeler que certains pays regrettent amèrement le départ de leur population juive.

Il en va ainsi de l'Espagne, dont certains affirment qu'elle ne s'est jamais remise de leur expulsion en 1492 – il n'y a aujourd'hui que 11 000 juifs dans ce pays.

Après une première tentative en 1924 pour faire revenir les Séfarades éparpillés dans le monde, le gouvernement espagnol a promulgué en 2015 la loi de concession de la nationalité espagnole aux Séfarades, les descendants des juifs expulsés au XVe siècle. Le but était de réparer, je cite, « une injustice historique », en leur permettant de demander la nationalité espagnole sans nécessité de résider sur le territoire. Il suffisait de prouver son origine séfarade et une bonne connaissance de la langue et de la culture espagnoles.

Le roi Felipe VI déclara alors aux descendants des juifs expulsés par les rois catholiques : « Comme on vous a regrettés ! »

À la clôture du processus en septembre 2019, 132 226 dossiers avaient été déposés, en provenance de 60 pays, parmi lesquels le Mexique, la Colombie, le Vénézuela, l'Argentine, les États-Unis et Israël.

◆

On peut déjà, avant de passer à la suite de ce guide de l'exil, se livrer à une constatation qui vous a déjà probablement sauté aux yeux. Les meilleurs pays où s'installer pour « être qui on est » sont occidentaux. Et précisément d'Europe septentrionale. Les plus souvent cités dans les classements ci-dessus exposés sont en effet la Norvège, les Pays-Bas, le Royaume-Uni, la Suède, la Suisse, l'Allemagne, le Danemark, la Finlande…

Notons également que la France ne se trouve quasiment jamais classée parmi les dix premiers.

La suite de cet ouvrage confirmera-t-elle cette première tendance ?

LES PAYS DANS LESQUELS VOUS POUVEZ VOUS INSTALLER SELON CE QUE VOUS CHERCHEZ

VOUS CHERCHEZ UN PAYS DÉMOCRATIQUE

Peut-être faites-vous partie de ces gens qui pensent encore exercer au travers de leur vote une quelconque influence sur la marche d'un pays. Sachez tout d'abord que vous êtes bien mignon.

Pour que votre univers ne s'écroule pas d'un coup, nous allons vous indiquer les pays considérés comme les plus démocratiques, en nous servant pour cela d'un institut d'analyses qui semble lui aussi croire en cet idéal, l'Economist Intelligence Unit.

Selon son *Democracy Index* basé sur cinq critères (processus électoral et pluralisme, fonctionnement du gouvernement, participation des citoyens, culture politique, libertés civiques), le pays le plus démocratique est :

1. la Norvège

Il est suivi par :

2. l'Islande
3. la Suède
4. la Nouvelle-Zélande
5. le Danemark
6. le Canada
7. l'Irlande

8. la Finlande
9. l'Australie
10. la Suisse

▸ **La France est en 29e position…**

Un classement qui ressemble fort à celui des pays les plus progressistes vus plus haut.

VOUS CHERCHEZ UN PAYS OÙ ÊTRE (OU VOUS SENTIR) LIBRE

À peu près tout le monde s'accorde sur le fait qu'un régime dit démocratique est également un régime sous lequel les citoyens sont ou se sentent libres.

On retrouve d'ailleurs la plupart des pays cités ci-dessus dans le rapport *Freedom in the World* publié par l'ONG Freedom House, basé sur deux groupes de critères (les droits politiques et les libertés civiles), selon lequel le pays le plus libre est :

1. la Finlande

Les pays suivants sont :

2. la Norvège
3. la Suède
4. le Canada
5. les Pays-Bas
6. l'Australie
7. le Luxembourg
8. la Nouvelle-Zélande
9. l'Uruguay
10. le Danemark

▸ **La France est en 43e position…**

Le pays le moins libre est la Syrie. Puis le Sud-Soudan, la Corée du Nord, l'Érythrée, le Turkménistan, l'Ouzbékistan, l'Arabie saoudite, la Guinée équatoriale, le Soudan, la Libye.

VOUS CHERCHEZ UN PAYS AUTORITAIRE

Si, au contraire, vous faites partie des personnes qui ont compris que la démocratie – tout comme le communisme ou le plan à trois avec des sœurs jumelles bisexuelles –, est une belle idée mais n'a aucune chance d'être réellement appliquée, et si du coup vous pensez qu'à tout prendre, mieux vaut vivre sous un régime franchement autoritaire, il n'existe pas de classement pour vous.

Mais on peut considérer que les pays classés les moins démocratiques par le *Democracy Index* sont par conséquent les plus autoritaires.

Le pays le plus autoritaire est donc :

1. la Corée du Nord

Viennent ensuite :

2. la Syrie
3. la République démocratique du Congo
4. la Centrafrique
5. le Tchad
6. le Turkménistan
7. la Guinée équatoriale

8. le Tadjikistan
9. l'Arabie saoudite
10. le Yémen

Curieusement, seuls trois des pays les moins libres se retrouvent dans les pays les plus autoritaires…

VOUS CHERCHEZ UN PAYS QUI VOUS ASSURE LA SÉCURITÉ ET LA PAIX

Au bac philo en 2016, nos jeunes futurs chômeurs ont dû disserter à partir d'une question fortement liée au sujet qui nous préoccupe dans ces lignes : « La liberté est-elle dépendante de la sécurité ? »

Je ne vais pas vous ennuyer avec mon propre point de vue (pourtant original et brillant, je dois l'avouer), mais plus humblement vous indiquer une nouvelle fois la meilleure destination.

Quand on évoque le sujet de la sécurité, on pense avant tout à la sécurité quotidienne. Puis-je sortir de chez moi sans me faire planter une seringue infectée dans l'œil ? Puis-je partir en vacances sans retrouver mon domicile cambriolé puis squatté par des réfugiés du Migranstan ? Puis-je me promener en jupe dans la rue à 21 heures sans me faire violer ? (Oui, même si je suis un homme, enfin j'en sais rien, qui vous dit que je suis un homme d'abord ?)

Mais la sécurité, nous avons tendance à l'oublier depuis que les Amerloques ont bouté les Schleus hors de France il y a 75 ans, c'est aussi la paix. Or, en ce moment même, une bonne quarantaine de pays sont en guerre – qu'il s'agisse de conflits majeurs, de guerres civiles ou de conflits mineurs.

Selon le *Global Peace Index* du think tank Institute for Economics and Peace, basé sur 23 indicateurs (tels que le nombre et la durée des conflits, le niveau de criminalité, l'impact du terrorisme, le nombre de personnes en prison, le nombre de policiers, le nombre de réfugiés…), le pays le plus sûr et en paix est :

1. l'Islande

Puis :

2. la Nouvelle-Zélande
3. le Portugal
4. l'Autriche
5. le Danemark
6. le Canada
7. Singapour
8. la Slovénie
9. le Japon
10. la Suisse

À noter que la France se retrouve à la 60e place, chutant chaque année un peu plus (elle était 30e en 2009).

Le pays le moins sûr et en paix est la Somalie. Puis le Sud-Soudan, la Syrie, le Yémen, l'Irak, l'Afghanistan, la République centrafricaine, la Libye, la République démocratique du Congo, la Russie.

Enfin, vous ne voudrez probablement pas vivre dans un pays dangereux pour les femmes. D'après la Thomson Reuters Foundation, l'Inde est le pays le plus dangereux pour les femmes. Suivi par l'Afghanistan, la Syrie, la Somalie, l'Arabie saoudite, le Pakistan, la République démocratique du Congo, le Yémen et le Nigeria.

VOUS CHERCHEZ UN PAYS OÙ ON NE SE FASSE PAS TROP HOMICIDER

Si vous souhaitez avoir une idée plus précise quant à la sécurité quotidienne en temps de paix, l'Office des Nations unies contre la drogue et le crime vous propose son classement des pays en fonction du nombre d'homicides intentionnels.

Il existe deux pays affichant un taux d'homicide égal à 0 – c'est-à-dire que personne n'y tue jamais personne :

1. Monaco et le Liechtenstein

Viennent ensuite :

3. Singapour
4. le Japon
5. le Luxembourg
6. le Qatar
7. l'Indonésie
8. Brunei
9. Oman
10. la Norvège

La France arrive en 63e position, avec un taux d'homicide de 1,30 pour 100 000 habitants.

C'est au Salvador que le taux d'homicide est le plus haut (61,80 pour 100 000 habitants). Viennent ensuite la Jamaïque, le Vénézuela, le Honduras, le Lesotho, Belize, Saint-Vincent-et-les Grenadines, l'Afrique du Sud, les Bahamas, le Brésil.

◆

Au moment où il rendait son dernier soupir, Jean-Eudes, la tête fracassée à coups de barre de fer et la gorge tranchée, se disait qu'il n'aurait décidément pas dû prendre ce raccourci passant par la cité Pablo-Neruda. Il se disait aussi que finalement, il aurait bien échangé un peu de sa liberté de citoyen d'un des pays les plus démocratiques de la planète contre un peu plus de sécurité et une justice moins laxistes.

Cette réflexion pré-mortem, de plus en plus de personnes encore vivantes se la font quotidiennement – regrettant peut-être que liberté et sécurité constituent deux aspirations en tension, et qu'augmenter l'une revienne toujours à diminuer l'autre.

Oui, si par exemple le nombre de morts sur les routes françaises a diminué au fil des décennies, c'est parce que diverses lois ont réduit la liberté des automobilistes. Et si moins de femmes se font violer aujourd'hui qu'à certaines périodes de notre histoire, c'est parce qu'on a réduit la liberté des violeurs. C'est bien, mais pour certains, face aux nouvelles insécurités créées par les agresseurs de Jean-Eudes et tous leurs amis, il faudrait aller encore un peu plus loin.

Serions-nous donc prêts, afin de nous sentir totalement en paix, à vivre sous un régime nord-coréen ? Ou, du moins, chinois ? Aimerions-nous que l'Armée populaire de libération pousse ses chars jusqu'en Europe pour y imposer un ordre sévère, certes, mais juste ?

Élément de réponse : selon une étude du Edelman Trust Barometer effectuée auprès de 6 000 personnes éduquées et à haut revenu de 25 pays, globalement 43 % ont confiance dans les institutions gouvernementales. Or, si le chiffre est de 45 % aux États-Unis, il monte à 75 % en Chine. Oui, en Chine, 75 % du public « informé » fait confiance à son gouvernement.

Huānyíng Zhōngguó Rénmín Jiěfàng Jūn ![1]

1. Bienvenue à l'Armée de libération du peuple chinois !

VOUS CHERCHEZ UN PAYS AU PIB ÉLEVÉ

Une fois choisi le cadre institutionnel, vous voudrez logiquement vous préoccuper de la situation économique du pays dans lequel vous envisagez de vous installer. Non parce que vous ambitionnez de devenir ministre de l'Économie ou directeur de la Banque centrale du patelin, mais parce que vos revenus vont logiquement en dépendre. Gageons donc que vous préférerez vous orienter vers un pays jouissant d'une économie florissante.

Il existe deux manières de calculer la production de richesses d'un pays : le produit intérieur brut (PIB) et le produit intérieur brut par habitant. Le World Economic Outlook du Fonds monétaire international a obligeamment procédé aux classements idoines.

On le sait, le pays possédant le PIB le plus élevé est :

1. les États-Unis

Il est talonné par :

2. la Chine

Puis viennent :

3. le Japon
4. l'Allemagne
5. le Royaume-Uni
6. la France
7. l'Inde
8. l'Italie
9. le Brésil
10. le Canada

Le pays possédant le PIB le moins élevé est Tuvalu. Puis les Kiribati, les Îles Marshall, les Palaos, la Micronésie, São Tomé-et-Principe, les Tonga, la Dominique, les Comores, Saint-Vincent-et-les-Grenadines.

De tout petits territoires, donc, et même des îles.

Comme vous l'aviez déjà appris en CE2, vous constatez de nouveau que le PIB dépend largement de la taille d'un pays, et n'est donc pas un indicateur très intéressant pour le sujet qui nous préoccupe. Passons donc au PIB par habitant.

VOUS CHERCHEZ UN PAYS AU PIB PAR HABITANT ÉLEVÉ

Là, le classement n'a plus rien à voir. Le pays possédant le PIB par habitant le plus élevé est :

1. le Qatar

Puis :

2. le Luxembourg
3. Singapour
4. Brunei
5. l'Irlande
6. la Norvège
7. les Émirats arabes unis
8. le Koweït
9. la Suisse
10. les États-Unis

Un coup d'œil rapide sur cette liste nous amène à penser que le pétrole et les services financiers semblent favoriser un gros PIB par habitant. S'agit-il d'un lien causal ou d'une corrélation ? Je ne sais pas, je ne suis pas économiste, mais je vous promets de me documenter et de revenir vers vous assez vite.

Le pays possédant le PIB par habitant le moins élevé est la Centrafrique. Puis le Burundi, la République démocratique du Congo, le Malawi, le Niger, le Mozambique, le Liberia, le Sud-Soudan, la Sierra Leone, Madagascar.

VOUS CHERCHEZ UN PAYS AU TAUX DE CROISSANCE ÉLEVÉ

Le chiffre de la croissance du PIB permet, lui, d'évaluer la tendance, et donc le futur à court ou moyen terme de l'économie d'une nation. Un indicateur utile si vous souhaitez faire votre trou dans un coin qui pour l'instant n'a l'air de rien, mais qui peut avoir l'air de quelque chose d'ici peu.

Toujours selon le World Economic Outlook, le pays ayant le taux de croissance le plus élevé (sur ces cinq dernières années) est :

1. l'Éthiopie

Puis :

2. l'Irlande
3. la Côte d'Ivoire
4. Djibouti
5. le Turkménistan
6. le Laos
7. l'Inde
8. le Cambodge
9. la Chine
10. le Myanmar

Le pays ayant le taux de croissance le moins élevé (sur ces cinq dernières années) est le Yémen. Puis le

Vénézuela, la Guinée équatoriale, le Timor oriental, la République centrafricaine, la Libye, la Dominique, Porto Rico, l'Ukraine, Trinité-et-Tobago.

VOUS VOULEZ VIVRE DANS UN PAYS PROSPÈRE

Au vu des indicateurs économiques exposés ci-dessus, on se dit qu'on aurait bien besoin, pour se faire une idée précise de la prospérité d'un pays, d'un indicateur plus général, qui en agrégerait plusieurs.

C'est exactement ce que se sont aussi dit les gens de la firme d'investissement privé Legatum, qui publie le *Prosperity Index*, basé sur une variété de facteurs comme la richesse, la croissance économique, l'éducation, la santé, la qualité de la vie, pour 149 pays.

Selon le *Prosperity Index*, le pays le plus prospère est :

1. la Norvège

Arrivent ensuite :

2. la Nouvelle-Zélande
3. la Finlande
4. la Suisse
5. le Danemark
6. la Suède
7. le Royaume-Uni
8. le Canada
9. les Pays-Bas
10. l'Irlande

▸ **La France est en 20e position.**

Le pays le moins prospère est l'Afghanistan. Puis la Centrafrique, le Yémen, le Tchad, le Soudan, République démocratique du Congo, l'Irak, la Mauritanie, l'Angola, le Burundi.

VOUS VOULEZ VIVRE DANS UN PAYS VERTUEUX

Partant du principe que les lecteurs de cet ouvrage sont des gens bien (honnêtes, sympas et certainement assez beaux), il est probable que vous préférerez éviter les pays corrompus. D'autant qu'il semble que plus un pays est vertueux, mieux il réussit économiquement.

Selon le *Corruption Perception Index* de l'ONG Transparency International, se basant sur les niveaux de corruption des services publics perçus par des experts et des entrepreneurs, le pays le plus vertueux est :

1. le Danemark

Puis :

2. la Nouvelle-Zélande
3. la Finlande
4. Singapour
5. la Suède
6. la Suisse
7. la Norvège
8. les Pays-Bas
9. le Canada
10. le Luxembourg

On ne voudrait pas ici inciter à des comportements déviants, mais peut-être préférerez-vous résider dans un pays qui vous permettra de graisser des pattes, de glisser des biffetons, de remettre des mallettes, bref de profiter d'un système dans lequel les agents de l'État sont aussi pourris qu'un steak haché de cheval vendu sans jamais respecter la chaîne du froid par un producteur albanais à un grossiste chinois via un intermédiaire vénézuélien.

Le pays le plus corrompu, selon Transparency International, est la Somalie. Puis la Syrie, le Sud-Soudan, le Yémen, la Corée du Nord, la Guinée-Bissau, la Guinée équatoriale, l'Afghanistan, la Libye, le Burundi.

VOUS CHERCHEZ UN PAYS OÙ LE TAUX D'EMPLOI EST ÉLEVÉ

C'est évidemment l'une des premières préoccupations au moment de s'exiler. Allez-vous trouver, ou retrouver du travail ? Et quel genre de travail ? Payé combien ? Aurez-vous droit à des tickets restaurants ? Bon, écoutez, arrêtez avec toutes vos questions, je ne suis pas DRH.

Il me semble logique d'envisager de s'installer dans un pays où, sur ce qu'on appelle le marché du travail, la demande de travail correspond globalement à l'offre de travail. C'est difficile à concevoir pour un Français habitué depuis quarante ans à vivre dans un vaste Pôle emploi hexagonal, mais il existe bien des nations où le taux d'emploi frôle les 100 %.

Même si les chiffres du travail et du chômage sont difficiles à collecter dans tous les pays (les critères locaux varient grandement), et donc compliqués à comparer, le croisement de diverses sources (les chiffres de l'Organisation internationale du travail, de l'Organisation de coopération et de développement économiques, du Bureau of Labor Statistics et d'Eurostat) nous aide grandement à vous orienter.

Ainsi, le pays au taux d'emploi le plus élevé serait :

1. le Cambodge (99,7 %)

Puis :

2. la Thaïlande
3. le Laos
4. les Émirats arabes unis
5. les Palaos
6. la Tchéquie
7. Monaco
8. le Koweït
9. le Liechtenstein
10. Singapour

À l'inverse, le pays au taux de chômage le plus élevé serait la Syrie. Puis le Sénégal, Djibouti, les Kiribati, les Îles Marshall, le Yémen, la Namibie, le Vénézuela, le Lesotho.

VOUS CHERCHEZ UN PAYS DANS LEQUEL VOUS POURREZ EXERCER UN MÉTIER EN PARTICULIER

Alors bien sûr, vous allez me dire que peu vous chaut de connaître le taux d'emploi global. Si par exemple vous êtes actuaire (c'est un vrai métier, ça consiste en gros à calculer des probabilités dans le domaine de l'assurance), mais qu'il n'y a pas beaucoup de compagnies d'assurances susceptibles de vous embaucher au Cambodge, peu vous chaut l'information. Oui, j'ai déjà écrit « peu vous chaut », mais j'aime bien. Ça vient du verbe chaloir, en plus.

C'est là qu'apparaît le cabinet de recrutement britannique Michael Page, qui analyse les données fournies par les gouvernements des pays de l'OCDE et publie une liste des 40 métiers les plus recherchés. Ça ne concerne que 36 pays, mais c'est déjà ça.

Je vous préviens, c'est bien d'être ingénieur…

Le métier le plus demandé est celui d'ingénieur logiciel et développeur, recherché dans 24 pays de l'OCDE (la liste des pays se trouve sur le site de Michael Page, allez-y de ma part).

Viennent ensuite :

- Ingénieur électronique, dans 19 pays
- Ingénieur mécanique, dans 19 pays
- Infirmier, dans 18 pays
- Médecin, dans 16 pays
- Ingénieur civil, dans 16 pays
- Ingénieur électrique, dans 16 pays
- Comptable, dans 11 pays
- Analyste de données informatiques, dans 11 pays
- Directeur ingénierie, dans 9 pays
- Sondeur, dans 8 pays
- Professeur de l'enseignement secondaire, dans 8 pays
- Psychologue, dans 8 pays
- Directeur des ventes, dans 8 pays
- Professionnel en bases de données et réseaux, dans 8 pays
- Administrateur de système et analyste, dans 8 pays
- Soudeur, dans 8 pays
- Pharmacien, dans 7 pays
- Kinésithérapeute, dans 7 pays
- Chef, dans 7 pays
- Ingénieur chimiste, dans 7 pays
- Technicien en génie mécanique, dans 7 pays
- Opérateur de machine, dans 7 pays
- Architecte, dans 6 pays
- Enseignant d'école maternelle, dans 6 pays

- Professeur d'université, dans 6 pays
- Ingénieur minier, dans 6 pays
- Actuaire, dans 6 pays
- Scientifique de laboratoire médical, dans 6 pays
- Sage-femme, dans 6 pays
- Radiologue, dans 6 pays
- Technicien en génie civil, dans 6 pays
- Technicien en ingénierie électrique, dans 6 pays
- Ingénieur industriel, dans 6 pays
- Physicien et astronome, dans 6 pays
- Ingénieur en contrôle qualité, dans 6 pays
- Ingénieur en matériel informatique, dans 6 pays
- Métallurgiste, dans 6 pays
- Mécanicien de véhicule à moteur, dans 6 pays
- Plombier, dans 6 pays

VOUS VOULEZ VIVRE DANS UN PAYS QUI FAVORISE LES AFFAIRES

Vous êtes du genre entrepreneur, vous avez la fibre du business, ou vous en avez marre d'être salarié et pensez qu'il y a des opportunités de business à l'étranger, vous n'en pouvez plus des carcans administratifs français.

Voici pour vous le *Resilience Index*, publié par la compagnie d'assurances spécialisée dans la gestion des risques économiques FM Global, portant sur 130 pays, basé sur des indicateurs comme la productivité, la gouvernance d'entreprise, le risque entrepreneurial, la corruption, les standards de comptabilité...

Le pays qui favorise le mieux les affaires est :

1. la Norvège

Puis :

2. le Danemark
3. la Suisse
4. l'Allemagne
5. la Finlande
6. la Suède
7. le Luxembourg

8. l'Autriche

9. les États-Unis

10. le Royaume-Uni

▸ **La France est 14e.**

Le pays qui favorise le moins les affaires est Haïti. Puis le Vénézuela, l'Éthiopie, le Tchad, le Mozambique, le Kirghizistan, le Liban, le Mali, le Népal, l'Iran.

VOUS CHERCHEZ UN PAYS OU UNE VILLE OÙ LES SALAIRES SONT ÉLEVÉS

C'est bien sympa de faire un travail intéressant, mais ce n'est pas l'intérêt qui remplit votre compte courant – sauf bien sûr, attention calembour, si vous êtes banquier.

Parce que, est-ce qu'un ingénieur logiciel et développeur gagne autant au Tadjikistan qu'au Luxembourg ? Je ne suis pas sûr, d'ailleurs les lignes qui suivent vont probablement confirmer cette intuition.

Peut-être même préférez-vous faire un travail qui ne correspond pas vraiment à vos compétences, mais bien rémunéré. C'est après tout le cas de la plus grande partie du personnel politique français.

Selon les chiffres de l'Organisation internationale du travail, portant sur 72 pays, le pays ayant le salaire mensuel moyen (en parité de pouvoir d'achat) le plus élevé est :

1. le Luxembourg

Viennent ensuite :

2. la Norvège
3. l'Autriche
4. les États-Unis
5. le Royaume-Uni
6. la Belgique
7. le Japon
8. l'Irlande
9. la Finlande
10. la Corée du Sud

Selon le rapport *Mapping the World's Prices* établi par la Deutsche Bank, la ville proposant le salaire moyen mensuel le plus élevé est San Francisco (États-Unis). Puis Zurich (Suisse), New York (États-Unis), Boston (États-Unis), Chicago (États-Unis), Sidney (Australie), Oslo (Norvège), Copenhague (Danemark), Melbourne (Australie), Londres (Royaume-Uni).

Le pays ayant le salaire mensuel moyen (en parité de pouvoir d'achat) le plus bas est le Tadjikistan. Puis le Pakistan, les Philippines, l'Inde, le Kirghizistan, la Syrie, la Mongolie, la Moldavie, la République dominicaine, l'Arménie.

VOUS CHERCHEZ UN PAYS OÙ LES FEMMES ONT LES MÊMES REVENUS QUE LES HOMMES

On l'a vu plus haut, il est fort possible que vous soyez une femme. Il est également possible que vous soyez de ces femmes qui, pour des raisons qui leur appartiennent, souhaitent travailler – et même gagner autant que les hommes !

Désolé de décevoir vos espoirs légitimes, mais il n'existe encore aucun pays où les femmes gagnent autant que les hommes. Les écarts ont toutefois tendance à se resserrer dans certains endroits...

Selon le *Women in Work Index*, du cabinet de conseil PwC (limité aux chiffres des 36 pays membres de l'OCDE), basé sur les deux critères que sont la rémunération moyenne des femmes par rapport aux hommes et l'emploi des femmes par rapport aux hommes, le meilleur pays pour les femmes qui travaillent est :

1. l'Islande

Puis :

2. la Suède
3. la Nouvelle-Zélande
4. la Slovénie
5. la Norvège
6. le Luxembourg
7. le Danemark
8. la Pologne
9. la Finlande
10. la Belgique

VOUS CHERCHEZ UN PAYS OÙ LES RICHES SONT NOMBREUX

Auparavant, on les appelait les « multimillionnaires ». Aujourd'hui, ce sont les « ultrariches » ou, en langage de gestionnaire de fortune, les UHNWI. Comprendre les *Ultra High Net Worth Individuals*, des hommes et des femmes qui pèsent plus de 30 millions de dollars (27 millions d'euros) hors propriétés.

Selon le *World Ultra Wealth Report* de la société d'analyses de données sur la richesse Wealth-X, le pays comptant le plus d'UHNWI est :

1. les États-Unis (il y en a 79 595)

Puis :

2. le Japon
3. la Chine
4. l'Allemagne
5. le Canada
6. la France
7. Hong Kong
8. le Royaume-Uni
9. la Suisse
10. l'Italie

Mais il faut aussi regarder le pays où le nombre de UHNWI a crû le plus en cinq ans : le Bangladesh

(17,3 % de plus). Puis la Chine, le Vietnam, le Kenya, l'Inde, Hong Kong, l'Irlande, Israël, le Pakistan, les États-Unis.

On peut aussi compter les milliardaires. Un pays comptant des milliardaires indique deux choses : on peut y devenir milliardaire (oui, oui), et les revenus dans leur ensemble y sont certainement plus élevés qu'ailleurs.

Selon le magazine *Forbes*, parmi les 74 pays comptant au moins un milliardaire, le pays comptant le plus de milliardaires est :

1. les États-Unis (il y en a 585)

Puis :

2. la Chine
3. l'Inde
4. l'Allemagne
5. la Russie
6. le Royaume-Uni
7. le Brésil
8. l'Italie
9. le Canada
10. la France

Si, au contraire, pour une raison qui vous regarde, vous cherchez un pays où les pauvres sont nombreux, sachez que selon la Banque mondiale, le pays dans lequel vit la plus grande proportion de personnes gagnant moins de 1,90 dollar par jour est Madagascar (77,6 % de la population). Puis la République démocratique du Congo, le Burundi, le Malawi, la

Guinée-Bissau, la Centrafrique, le Mozambique, l'Ouzbékistan, le Lesotho, la Zambie.

Par ailleurs, selon l'OCDE, le pays ayant la politique d'aide sociale (calculée d'après la proportion des dépenses publiques sociales par rapport au PIB) la plus généreuse est la France. Viennent ensuite la Finlande, la Belgique, l'Italie, le Danemark, l'Autriche, la Suède, la Grèce, l'Allemagne, la Norvège.

VOUS VOULEZ VIVRE DANS UN PAYS OU UNE VILLE OÙ LE COÛT DE LA VIE EST BAS

Plutôt que de choisir un pays où les salaires sont élevés, peut-être préférerez-vous un pays où le coût de la vie est bas – ou peut-être ne pourrez-vous juste pas faire autrement, étant donné, je suis désolé, vos capacités (après tout, il existe la probabilité que vous soyez un punk à chien ou un dreadeux ayant volé ce livre à un pauvre retraité qui rêvait d'ailleurs).

Selon le *Cost of Living Index* publié par le site de données Numbeo, basé sur une cinquantaine de facteurs (coût du loyer, prix d'un café, d'un restaurant, d'un club de sport, des transports…) ramenés au pouvoir d'achat local, portant sur 136 pays, le pays au coût de la vie le plus bas est :

1. le Pakistan

Suivi de :

2. l'Afghanistan
3. l'Inde
4. la Syrie
5. la Tunisie
6. l'Ouzbékistan
7. le Vénézuela

8. la Géorgie
9. le Kirghizistan
10. l'Égypte

Du côté des villes, c'est au *Cost of Living Survey* du cabinet de ressources humaines international Mercer qu'il faut se référer. Le classement, incluant 209 villes des cinq continents, compare les coûts de plus de 200 produits et services utilisés par les expatriés : logement, transports, produits alimentaires, vêtements, articles ménagers, activités culturelles et de loisirs...

La ville la moins chère est Tunis (Tunisie), puis Tashkent (Ouzbékistan), Karachi (Pakistan), Bishkek (Kyrgyzstan), Banjul (Gambie), Blantyre (Malawi), Tbilissi (Géorgie), Minsk (Biélorussie), Tegucigalpa (Honduras), Managua (Nicaragua).

VOUS VOULEZ VIVRE DANS UN PAYS OU UNE VILLE OÙ LE COÛT DE LA VIE EST ÉLEVÉ

Si vous avez eu l'habitude de fréquenter un milieu aisé, ou si tout simplement vous n'aimez pas les pauvres (tels les punks à chien ou les dreadeux sus-cités, ou bien encore les anciens candidats de téléréalité retournés à leur misère consubstantielle), vous voudrez vous exiler dans un pays que les manants hésiteront eux-mêmes à investir sous peine de crever de faim.

Toujours selon le *Cost of Living Index*, le pays au coût de la vie le plus élevé est :

1. la Suisse

Suivie de :

2. la Norvège
3. l'Islande
4. les Bahamas
5. le Japon
6. le Luxembourg
7. le Danemark
8. la Barbade
9. Singapour
10. Israël

La ville la plus chère est Hong Kong (Hong Kong), puis Tokyo (Japon), Singapour (Singapour), Séoul (Corée du Sud), Zurich (Suisse), Shangai (Chine), Ashgabat (Turkménistan), Pékin (Chine), New York (États-Unis), Shenzhen (Chine).

Huit des dix villes les plus chères au monde pour les expatriés sont asiatiques.

VOUS CHERCHEZ UN PAYS OÙ LE COÛT DE LA VIE ET LES TAXES N'AFFECTERONT PAS VOTRE RICHESSE

Non seulement vous êtes riche, mais en plus vous refusez d'en donner un peu aux pauvres par le truchement de l'impôt ? Une étude effectuée par le site d'informations financières GO Banking Rates, se basant sur plusieurs critères comme l'impôt sur le revenu, le coût de la vie, le pouvoir d'achat local, le revenu par tête…, a déterminé que le meilleur pays où vivre si on est riche est :

1. le Qatar

Puis :

2. l'Arabie saoudite
3. les Émirats arabes unis
4. le sultanat d'Oman
5. le Koweït
6. Bahreïn
7. la Roumanie
8. le Monténégro
9. la Bulgarie
10. le Kazakhstan

Les six premiers pays de ce classement se trouvent au Moyen-Orient.

Le pire pays où vivre si on est riche est le Zimbabwe, puis l'Éthiopie, l'Ouganda, l'Afrique du Sud, l'Islande, le Japon, l'Autriche, le Danemark, la Zambie, la Suède.

VOUS CHERCHEZ UN PAYS QUI SOIT BON POUR NAÎTRE

Mettons que vous n'ayez pas encore d'enfant, ou que vous en ayez déjà et que vous souhaitiez en avoir d'autres – une démarche nataliste à l'ancienne dont je vous félicite, car nous avons besoin de petits Français, même à l'étranger, qui deviendront, qui sait, les ambassadeurs de ce que fut la grandeur de la France.

Quel meilleur cadeau pour votre enfant (hormis bien sûr l'ouverture auprès d'une banque d'un compte d'épargne qui permettra à l'établissement de le ficher dès sa naissance), quel meilleur cadeau, disais-je, que de le faire naître dans le meilleur pays pour naître ?

Selon le *Where to Be Born Index*, publié par *The Economist Intelligence Unit*, portant sur 80 pays, basé sur des critères comme le bien-être matériel, l'espérance de vie, la sécurité de l'emploi, le climat, la qualité de la vie de famille..., le meilleur pays pour naître est :

1. la Suisse

Suivie par :

2. l'Australie
3. la Norvège
4. la Suède
5. le Danemark

6. Singapour
7. la Nouvelle-Zélande
8. les Pays-Bas
9. le Canada
10. la Finlande

► **La France est en 26e position.**

En revanche, le pire pays pour naître est le Nigeria. Suivi par le Kenya, l'Ukraine, le Bangladesh, l'Angola, le Pakistan, le Kazakhstan, la Syrie, la Russie, l'Indonésie.

◆

Warren Buffet – l'investisseur le plus couronné de succès de l'Histoire –, a déclaré que tout ce qui lui était arrivé de bien trouvait son origine dans le fait qu'il était né dans le bon pays, les États-Unis, à la bonne époque, les années 30.

À première vue, on pourrait croire que la chance de naître dans tel ou tel pays dépend principalement de sa richesse. À deuxième vue, non.

En effet le PIB par tête explique environ les deux tiers des variations entre pays en termes de satisfaction de la vie. On constate que les pays les plus riches (les États-Unis, l'Allemagne, le Japon, le Royaume-Uni…) sont bien classés, mais pas dans les premiers.

Plus certainement, les meilleurs pays pour naître sont les démocraties libérales homogènes, en paix et pour beaucoup situées en Occident, et surtout en Europe du Nord.

VOUS VOULEZ VIVRE DANS UN PAYS OÙ L'ÉDUCATION PRIMAIRE ET SECONDAIRE EST BONNE

Une fois que l'enfant est né, il faut bien entendu tout d'abord l'élever, puis rapidement l'éduquer. Il est courant de dire que si l'élevage est du ressort des parents, l'éducation est – du moins en partie – du ressort du système éducatif national.

Selon le sondage *Best Countries for Education* de US News & World Report, basé sur des critères comme le développement de l'enseignement public et la qualité, le meilleur pays pour l'éducation primaire et secondaire est :

1. le Royaume-Uni

Suivi par :

2. les États-Unis
3. le Canada
4. l'Allemagne
5. la France
6. l'Australie
7. la Suisse
8. la Suède
9. le Japon
10. les Pays-Bas

VOUS CHERCHEZ UN PAYS OÙ LES ENFANTS SAVENT LIRE ET COMPTER

Le *Programme for International Student Assessment*, plus connu sous l'acronyme PISA, mené par l'OCDE, est un ensemble d'études visant à mesurer les performances des élèves, et donc des systèmes éducatifs de 79 pays.

Selon le dernier classement publié en décembre 2019, concernant les connaissances en lecture, mathématiques et sciences, le pays proposant le meilleur niveau scolaire est :

1. la Chine
(précisément les provinces de Pékin, Shangai, Jiangsu et Zhejiang, ainsi que Macao et Hong Kong)

Viennent ensuite :

2. Singapour
3. l'Estonie
4. la Finlande
5. le Canada
6. l'Irlande
7. la Corée du Sud
8. la Pologne
9. la Nouvelle-Zélande
10. la Suède

► **La France est en 21e position.**

Le pays proposant le pire niveau scolaire est les Philippines, puis la République dominicaine, le Kosovo, le Liban, le Maroc, l'Indonésie, Panama, la Géorgie, le Kazakhstan.

◆

Les résultats parlent d'eux-mêmes. Les pays de l'Est asiatique sont toujours premiers au classement PISA – en particulier en mathématiques, où Taïwan, le Japon et la Corée du Sud arrivent juste derrière la Chine et Singapour. Si au cours des dernières années, certains autres pays ont connu des variations de position, les Asiatiques ne bougent pas de leur place dominante. Et l'écart entre ces nations et le reste du monde ne cesse de s'accentuer.

Il semble que les raisons de ces performances sont au nombre de quatre.

Les Est-Asiatiques valorisent grandement l'éducation, et sont persuadés que la clé de la réussite réside dans l'effort plutôt que dans un talent inné.

L'enseignement est une profession respectée. Les enseignants sont mieux sélectionnés, mieux payés, et bénéficient d'une meilleure formation et de meilleures conditions de travail.

Les enseignants appliquent la théorie des étapes de la représentation, selon laquelle les élèves doivent activement expérimenter un concept avant d'en apprendre les formulations.

Les Est-Asiatiques possèdent les QI les plus élevés de la planète.

VOUS CHERCHEZ LE MEILLEUR PAYS POUR ÊTRE MÈRE

Le bien-être des enfants, c'est bien gentil, mais, et le bien-être des mères ?

Selon le *State of the World's Mothers Report* publié par l'ONG Save the Children, portant sur 179 pays, basé sur des critères tels que la santé maternelle, le bien-être des enfants, l'éducation..., le meilleur pays pour être mère est :

1. la Norvège

Suivie de :

2. la Finlande
3. l'Islande
4. le Danemark
5. la Suède
6. les Pays-Bas
7. l'Espagne
8. l'Allemagne
9. l'Australie
10. la Belgique

▸ **La France est en 23e position.**

Le pire pays pour être mère est la Somalie. Suivi de la République démocratique du Congo, la Centrafrique, le Mali, le Niger, la Gambie, la Côte d'Ivoire, le Tchad, la Guinée-Bissau, la Sierra Leone.

VOUS CHERCHEZ LE MEILLEUR PAYS POUR ÊTRE PÈRE

Non. Cherchez pas. Y a rien. Comme pour les hommes de manière générale, ou les hétérosexuels, ou les conservateurs, il n'existe aucune étude internationale indiquant quels sont les meilleurs pays pour être père.

De là à en déduire que pour les grands organismes internationaux, les hommes hétérosexuels conservateurs voulant être pères forment un groupe qu'il n'est pas utile d'étudier, il n'y a qu'un pas (et un n').

VOUS VOULEZ VIVRE DANS UN PAYS OÙ L'ESPÉRANCE DE VIE EST ÉLEVÉE

Il est probable que vous vouliez vivre le plus longtemps possible. Non que votre existence soit particulièrement palpitante – ni même heureuse –, mais, comme n'importe quel animal, l'évolution vous a doté de l'instinct de survie indispensable à la perpétuation de l'espèce. Vous envisagez donc le plus sérieusement du monde de ne pas vous suicider avant d'avoir l'âge de vous faire coller dans un EHPAD par vos rejetons, et même de tout faire pour prolonger le plus longtemps possible la durée de votre décatissement. Et ne venez pas me parler de ce concept fumeux d'espérance de vie « en bonne santé » : chacun sait que l'apparition du premier poil pubien blanc, vers la quarantaine, signe le début de la fin.

S'il n'existe pas de classement des pays où les poils pubiens blanchissent le plus tardivement, l'Organisation mondiale de la Santé nous propose le classement des pays où on vit le plus vieux.

Selon les chiffres de l'OMS, le pays dans lequel on vit le plus vieux est :

1. le Japon (83,7 ans)

Viennent ensuite :

2. la Suisse
3. Singapour
4. l'Australie
5. l'Espagne
6. l'Islande
7. l'Italie
8. Israël
9. la Suède
10. la France

Pour les femmes en particulier, le pays dans lequel on vit le plus vieux est le Japon (86,8 ans). Puis Singapour, l'Espagne, la Corée du Sud, la France, la Suisse, l'Australie, l'Italie, Israël, l'Islande.

Pour les hommes, le pays dans lequel on vit le plus vieux est la Suisse (81,3 ans). Puis l'Islande, l'Australie, la Suède, Israël, le Japon, l'Italie, le Canada, l'Espagne, Singapour.

Mais peut-être serez-vous davantage intéressé, dans ce cas précis, par des chiffres de nature prévisionnelle. Selon l'étude menée par l'Institute for Health Metrics and Evaluation (IHME) de l'Université de Washington, le pays dans lequel on vivra le plus vieux en 2040 est :

1. l'Espagne (85,8 ans)

Suivie par :

2. le Japon
3. Singapour
4. la Suisse
5. le Portugal
6. l'Italie
7. Israël
8. la France
9. le Luxembourg
10. l'Australie

VOUS VOULEZ VIVRE DANS UN PAYS OÙ L'ESPÉRANCE DE VIE EST BASSE

Si vous faites partie de ces gens éclairés qui ont compris qu'il vaut mieux quitter ce monde le plus rapidement possible, sans toutefois avoir recours au suicide ou à la mort lente devant un programme de Cyril Hanouna, vous avez tout intérêt à vous diriger vers les pays dans lesquels l'espérance de vie est peu élevée.

Selon les chiffres de l'OMS, le pays dans lequel on vit le moins vieux est :

1. la Sierra Leone (50,1 ans)

Puis :

2. l'Angola
3. la Centrafrique
4. le Tchad
5. la Côte d'Ivoire
6. le Lesotho
7. le Nigeria
8. la Somalie
9. le Sud-Soudan
10. le Cameroun

Pour les femmes, c'est la Sierra Leone (50,8 ans). Puis l'Angola, la République centrafricaine, la Côte d'Ivoire, le Tchad, le Lesotho, le Nigeria, la Somalie, le Mali, le Sud-Soudan.

Pour les hommes, c'est aussi la Sierra Leone (49,3 ans). Puis l'Angola, la République centrafricaine, le Tchad, le Lesotho, la Côte d'Ivoire, le Nigeria, la Somalie, le Mozambique, le Cameroun.

Selon l'étude de l'IHME, le pays dans lequel on vivra le moins vieux en 2040 est :

1. le Lesotho (57,3 ans)

Puis :

2. la Centrafrique
3. le Zimbabwe
4. la Somalie
5. le Swaziland
6. l'Afghanistan
7. les Kiribati
8. la Micronésie
9. la Papouasie-Nouvelle-Guinée
10. l'Angola

VOUS VOULEZ VIVRE DANS UN PAYS OÙ ON VIEILLIT BIEN

Bon finalement, tout bien réfléchi, abordons le thème de l'espérance de vie en bonne santé.

Selon une étude du IHME, basée sur les données du Global Burden of Disease, qui évalue les risques dans chaque pays de souffrir d'un ou plusieurs des quatre-vingt-douze maladies ou handicaps liés à l'âge (comme la perte de mémoire ou la douleur chronique), le pays où on vieillit le mieux est :

1. la Suisse

Puis :

2. Singapour
3. la Corée du Sud
4. le Japon
5. l'Italie
6. le Koweït
7. l'Espagne
8. la France
9. Israël
10. la Suède

Le pays où l'on vieillit le moins bien est la Papouasie-Nouvelle-Guinée. Puis les Îles Marshall, le Vanuatu, l'Afghanistan, les Îles Salomon, la Centrafrique, le Lesotho, les Kiribati, la Guinée-Bissau, l'Érythrée.

VOUS CHERCHEZ UN PAYS OÙ ON SE SUICIDE PEU

Quelqu'un peut-il être amené au suicide par un environnement propice ? Si, au sein d'un groupe, une ou plusieurs personnes se suicident, les autres peuvent-elles être tentées de les imiter ? Les sciences sociales et psychologiques n'ont pas de réponse définitive, mais par précaution, mieux vaut – surtout si vous vous sentez un peu fragilounet – choisir un pays où on se suicide peu.

Selon les statistiques de l'Organisation mondiale de la Santé, le pays où on se suicide le moins est :

1. Antigua-et-Barbuda
(0,5 suicide pour 100 000 habitants)

Puis :

2. la Barbade
3. les Bahamas
4. la Grenade
5. la Jamaïque
6. São Tomé-et-Principe
7. les Maldives
8. le Koweït
9. Saint-Vincent-et-les-Grenadines
10. le Tadjikistan

On note donc que les gens se suicident peu dans les petites îles paradisiaques.

Le pays où on se suicide le plus est la Lituanie (31,9 suicides pour 100 000 habitants). Puis la Russie, le Guyana, la Corée du Sud, la Biélorussie, le Suriname, le Kazakhstan, l'Ukraine, la Lettonie, le Lesotho.

On note cette fois que les gens se suicident beaucoup dans les pays d'Europe de l'Est.

◆

En dehors des petites îles paradisiaques, c'est en Amérique centrale et du Sud que l'on se suicide le moins : Pérou, Mexique, Brésil et Colombie notamment. Tandis que c'est en Europe de l'Est qu'on attente le plus à sa vie.

Toujours cités en exemple comme les pays du bonheur avec leur politique familiale développée, leur égalité sociale et leur économie florissantes, les pays scandinaves ont pourtant eux aussi des taux de suicide élevés.

Sont-ce les longs et sombres hivers d'Europe de l'Est et du Nord qui causent le problème ? Ou un gène nordique de la dépression ? Ou rien de tout cela ?

En 2011, une étude d'économistes britanniques de l'université de Warwick a mis en évidence le paradoxe selon lequel on se suicide plus dans les pays heureux. L'étude remarquait que la corrélation entre bonheur et suicide était évidente pour 21 pays, dont 17 pays européens ainsi que les États-Unis, le Canada, l'Australie et la Nouvelle-Zélande, et que ni le climat ni la religion ne semblaient influer de manière décisive sur ces résultats.

Le bonheur – comme la criminalité – tend à être lié aux inégalités économiques : plus l'écart est grand entre riches et pauvres, moins il y a de bonheur – et plus il y a de crimes. Ce qui explique pourquoi les Scandinaves arrivent en tête de tellement de classements positifs : ils ont les plus petites inégalités socioéconomiques du monde.

L'espérance de vie est aussi liée aux inégalités, un écart de revenus plus important signifiant des vies plus courtes et une plus mauvaise santé – pour les riches et les pauvres, les pauvres étant touchés bien plus durement.

Les chercheurs pensent que cette tendance découle du stress causé par notre place dans la hiérarchie sociale. Ainsi, même chez les babouins, les animaux de plus bas rang social ont de plus hauts niveaux d'hormones du stress et une plus mauvaise santé. Mais lorsque les conflits liés au statut se réduisent, entraînant une situation plus égalitaire, ces différences se réduisent également.

Alors pourquoi le suicide suit-il la même tendance ? Certains chercheurs avancent que les comparaisons avec les autres peuvent jouer un rôle. Pour quelqu'un qui est assez malheureux, la comparaison avec des proches plus heureux peut entraîner encore plus de malheur et de dépression.

Tristement, cela signifie qu'augmenter le bonheur en réduisant les inégalités économiques pourrait paradoxalement produire plus de suicides. La nature humaine est complexe. Et quand on vit dans un pays où le niveau de bien-être est censé être élevé, nos exigences en deviennent plus élevées et notre malheur ne nous semble que plus cruel.

VOUS CHERCHEZ UN PAYS OÙ ON EST EN BONNE SANTÉ

La santé, c'est l'état physiologique qui nous permet de survivre afin que nous puissions nous reproduire, engendrer une descendance saine, et ainsi perpétuer l'espèce de manière à ce qu'elle s'éloigne de plus en plus physiquement et mentalement d'*Australopithecus anamensis*. Je suis désolé d'en revenir à une vision strictement évolutionnaire de notre existence, mais comptez le nombre de pharmacies dans votre quartier et on discutera.

Nous sommes donc inconsciemment amenés à vouloir rester en bonne santé, la raison consciente étant que c'est quand même désagréable d'avoir de la morve qui coule du nez – ou du sang qui coule des yeux quand on est victime d'une maladie hémorragique virale du type Ebola.

Selon le *Healthiest Country Index* publié par Bloomberg, portant sur 169 pays, basé sur des indicateurs comme l'espérance de vie, l'obésité, le tabagisme, l'accès à l'eau, le système de santé, les habitudes alimentaires, la pollution…, le pays où on est en meilleure santé est :

1. l'Espagne

Puis :

2. l'Italie
3. l'Islande
4. le Japon
5. la Suisse
6. la Suède
7. l'Australie
8. Singapour
9. la Norvège
10. Israël

Le pays où on est en moins bonne santé est la Sierra Leone. Puis la Centrafrique, le Lesotho, la Somalie, la République démocratique du Congo, le Mozambique, le Nigeria, la Guinée-Bissau, le Tchad, le Liberia.

◆

L'Espagne est aujourd'hui le pays du monde où on est en meilleure santé. Le pays affiche par ailleurs la plus grande espérance de vie de l'Union européenne, et la troisième du monde. On l'a vu, en 2040, l'Espagne possédera la plus longue durée de vie du monde, à près de 86 ans.

Les chercheurs avancent que les habitudes alimentaires ont de fortes probabilités d'influer sur les bons niveaux de santé en Espagne – mais aussi en Italie. Le fameux régime méditerranéen (caractérisé par la consommation abondante de fruits, légumes, légumineuses, céréales, huile d'olive et herbes aromatiques, la consommation modérée de produits laitiers, d'œufs et de vin, la consommation limitée de poisson et la consommation faible de viande) entraîne en effet une diminution de la mortalité due aux accidents cardiovasculaires.

L'excellence du système national de santé espagnol est également mise en avant, ainsi que les lois de prévention du tabagisme.

VOUS VOULEZ VIVRE DANS UN PAYS OÙ LES MÉDECINS SONT NOMBREUX

Selon les chiffres de l'Organisation mondiale de la Santé, le pays comptant le plus de médecins par habitant est :

1. Cuba (81,9 médecins pour 1 000 habitants)

Puis :

2. Monaco
3. Saint-Marin
4. la Suède
5. l'Autriche
6. la Géorgie
7. l'Uruguay
8. la Norvège
9. la Grèce
10. le Danemark

Le pays comptant le moins de médecins par habitant est le Qatar (0,008 médecin pour 1 000 habitants). Puis le Malawi, la Somalie, la Sierra Leone, le Liberia, la Tanzanie, le Tchad, le Togo, le Burundi, le Niger.

VOUS VOULEZ VIVRE DANS UN PAYS OÙ L'ACCÈS AUX TOILETTES EST AISÉ

On le sait, l'accès aux toilettes est un sujet délicat tant il touche aux problématiques de genre. En effet, quelles toilettes les personnes trans doivent-elles utiliser ? Car la transphobie se manifeste tout particulièrement en ce lieu construit selon des normes genrées. Pourtant, les toilettes ne devraient pas donner le droit à quiconque de définir ce qui fait un homme ou une femme à la place des autres, et leur signalétique devrait par conséquent en être modif... Euh... Pardon... Je... Je ne sais pas ce qui m'a pris d'un coup. Il faut vraiment que j'arrête d'ingérer divers alcaloïdes qui, interagissant entre eux, exercent un effet psychotrope sur mon système nerveux central. Bref.

Donc, pourquoi parler ici de l'accès aux toilettes ? Tout simplement parce qu'il s'agit de la base de la santé. On ne s'en rend plus compte dans nos pays, mais l'absence de toilettes et de tout-à-l'égout conduit à de nombreux désagréments, dont le plus négligeable n'est pas l'apparition d'épidémies.

Le *Joint Monitoring Programme for Water Supply and Sanitation* de l'OMS et de l'UNICEF, portant sur 189 pays, indique le pourcentage de la population ayant un accès aisé aux toilettes, c'est-à-dire à un système permettant la séparation des excréments de tout contact humain.

Selon cet index, 17 pays ont un accès aux toilettes aisé pour 100 % de la population : l'Autriche, Israël, les États-Unis, l'Arabie saoudite, l'Australie, le Japon...

La France fait partie des pays ayant un accès aux toilettes aisé pour 98,7 % de la population.

Les pays dans lesquels l'accès aux toilettes est aisé pour moins de 15 % de la population sont le Niger, le Togo, Madagascar, le Tchad, la Sierra Leone, le Ghana, le Congo.

◆

Dans le monde, 4,5 milliards de personnes – c'est-à-dire 60 % de la population – n'ont pas accès à des toilettes connectées à un égout ou à une fosse septique. Ils doivent donc avoir recours à d'autres solutions, comme déféquer en plein air – une pratique à laquelle s'adonnent près de 900 millions de personnes dans le monde.

Ces matières fécales n'étant ni recueillies ni traitées, l'impact d'une telle exposition a des effets dévastateurs sur les conditions de vie, la santé, l'éducation et la productivité économique. Dans les pays en développement, le manque d'assainissement entraîne des pertes économiques estimées à plus de 220 milliards d'euros par an.

L'absence de toilettes peut également avoir des conséquences violentes : dans certains pays comme l'Inde, les femmes obligées de faire leurs besoins en plein air sont la cible d'agressions sexuelles.

L'amélioration des infrastructures et le changement des comportements permettraient d'éviter un certain nombre d'épidémies, de problèmes sanitaires ainsi que d'améliorer la qualité de vie des populations, de l'eau et de la nourriture.

VOUS VOULEZ VIVRE DANS UN PAYS HUMAINEMENT DÉVELOPPÉ

Terminons cette partie consacrée à la santé par un classement agrégeant plusieurs indicateurs. Le United Nations Development Programme définit le développement humain comme « le processus qui permet d'élargir les choix des personnes », ces choix leur permettant de « mener une vie longue en bonne santé, d'être éduqué, de bénéficier d'un mode de vie décent » ainsi que « la liberté politique et d'autres droits humains garantis ».

Selon le *Human Development Index*, publié par l'ONU, basé sur des statistiques concernant l'espérance de vie, l'éducation et le revenu *per capita*, pour 187 pays, le pays où le développement humain est le meilleur est :

1. la Norvège

Il est suivi par :

2. la Suisse
3. l'Australie
4. l'Irlande
5. l'Allemagne

6. l'Islande
7. Hong Kong
8. la Suède
9. Singapour
10. les Pays-Bas

▸ **La France est en 24e position.**

Le pays où le développement humain est le moins bon est le Niger. Puis la Centrafrique, le Sud-Soudan, le Tchad, le Burundi, la Sierra Leone, le Burkina Faso, le Mali, le Liberia, le Mozambique.

VOUS CHERCHEZ UN PAYS PEUPLÉ

Vous aimez les gens. Être entouré. Avoir plein d'amis. Ou bien vous avez compris qu'une population importante induit de nombreux avantages économiques et sociaux dont chaque habitant peut profiter. Ou encore vous vous dites qu'habiter un pays peuplé c'est un peu comme avoir une grosse voiture, c'est valorisant.

Le pays le plus peuplé est :

1. la Chine (presque 1,5 milliard habitants)

Puis :

2. l'Inde
3. les États-Unis
4. l'Indonésie
5. le Pakistan
6. le Brésil
7. le Nigeria
8. le Bangladesh
9. la Russie
10. le Mexique

VOUS CHERCHEZ UN PAYS PEU PEUPLÉ

Vous n'aimez pas les gens. Ou alors vous savez que dans un pays peu peuplé, eh bien, on s'emmerde – parce qu'allez trouver un cinéma ou des gens avec qui discuter d'autre chose que de la dernière sortie en pirogue pour pêcher le repas du soir – et vous avez tout simplement envie de vous emmerder.

Le pays le moins peuplé est :

1. Niue (1 612 habitants)

Puis :

2. les Tuvalu
3. Nauru
4. les Îles Cook
5. les Palaos
6. Saint-Marin
7. Monaco
8. le Liechtenstein
9. Saint-Christophe-et-Niévès
10. les Îles Marshall

Beaucoup d'îles, donc.

VOUS CHERCHEZ UN PAYS À FORTE DENSITÉ DE POPULATION

L'importance de la population n'est pas forcément un indicateur pertinent. Un pays fortement peuplé peut être si vaste que vous ne rencontrerez personne même au bout de quatre jours de marche dans la toundra. Donc si votre truc c'est d'être entouré, choisissez plutôt un pays densément peuplé.

Le pays à la plus haute densité de population est :

1. Monaco (26 105 habitants par km²)

Puis :

2. Singapour
3. Bahreïn
4. les Maldives
5. Malte
6. le Bangladesh
7. Taïwan
8. la Barbade
9. l'île Maurice
10. le Liban

VOUS CHERCHEZ UN PAYS À FAIBLE DENSITÉ DE POPULATION

Si au contraire vous vous sentez misanthrope, choisissez un pays peu densément peuplé.

Le pays à la plus faible densité de population est :

1. la Mongolie (2,0 habitants par km^2)

Puis :

2. la Namibie
3. l'Australie
4. l'Islande
5. le Suriname
6. la Libye
7. le Guyana
8. le Bostwana
9. le Canada
10. la Mauritanie

Il s'agit pour la plupart de pays possédant de grandes étendues de déserts, de jungles, de steppes, de toundras…

VOUS CHERCHEZ UN GRAND PAYS

Au cas où votre truc, ce serait de vivre dans un pays de grande surface – indépendamment de toute considération de population –, sachez que le plus grand pays est :

1. la Russie (17 125 191 km²)

Puis :

2. le Canada
3. les États-Unis
4. la Chine
5. le Brésil
6. l'Australie
7. l'Inde
8. l'Argentine
9. le Kazakhstan
10. l'Algérie

VOUS CHERCHEZ UN PETIT PAYS

Si votre kiff, c'est le pays de petite surface, alors le pays le plus petit est :

1. Monaco (2 km^2)

Puis :

2. Nauru
3. les Tuvalu
4. Saint-Marin
5. le Liechtenstein
6. les Îles Marshall
7. les Îles Cook
8. Niue
9. Saint-Christophe-et-Niévès
10. les Maldives

VOUS CHERCHEZ UN PAYS AVEC BEAUCOUP DE JEUNES

Il existe deux, et seulement deux raisons pour lesquelles vous pouvez souhaiter vivre dans un pays comptant beaucoup de jeunes : vous êtes jeune, et n'aimez pas les vieux ; vous êtes vieux, et préférez les jeunes.

Je ne juge pas.

Il y a deux manières d'exprimer l'âge d'une population.

Selon l'Organisation des Nations unies, le pays qui possède la plus grande proportion de jeunes de moins de 18 ans est :

1. le Niger (56,9 % de la population)

Viennent ensuite :

2. l'Ouganda
3. le Tchad
4. l'Angola
5. le Mali
6. la Somalie
7. la Gambie
8. la Zambie
9. la République démocratique du Congo
10. le Burkina Faso

Selon le *World Factbook* produit par la Central Intelligence Agency (CIA), le pays dont l'âge médian de la population est le plus bas est :

1. le Niger (15,4 ans)

Viennent ensuite :

2. l'Ouganda
3. le Mali
4. le Malawi
5. la Zambie
6. le Burundi
7. le Sud-Soudan
8. le Mozambique
9. le Burkina Faso
10. la Tanzanie

Bref, c'est en Afrique que ça se passe.

VOUS CHERCHEZ UN PAYS AVEC BEAUCOUP DE VIEUX

Il n'existe *a priori* aucune raison de vouloir vivre dans un pays avec beaucoup de vieux.

Bon, si vous voulez absolument avoir un grand choix de partenaires de bridge ou pouvoir trouver une pharmacie à chaque coin de rue pour vos couches confiance, voici les infos.

Selon l'Organisation des Nations unies, le pays qui possède la plus grande proportion de vieux de plus de 65 ans est :

1. le Japon (27 % de la population)

Puis :

2. l'Italie
3. le Portugal
4. l'Allemagne
5. la Finlande
6. la Bulgarie
7. la Grèce
8. la Suède
9. la Lettonie
10. la Croatie

Selon le *World Factbook* produit par la CIA, le pays dont l'âge médian de la population est le plus haut est :

1. Monaco (53,1 ans)

Puis :

2. le Japon
3. l'Allemagne
4. l'Italie
5. la Grèce
6. la Slovénie
7. Saint-Marin
8. l'Autriche
9. la Lituanie
10. la Lettonie

Des pays européens, et le Japon.

◆

Selon les données des Nations Unies, 14 % des pays ont une population vieillissante et en déclin, dont le plus fameux est le Japon. Ce chiffre sera de 32 % en 2050.

Globalement, une croissance sans fin de la population est impossible, la surpopulation entraînant une consommation excessive, des conflits mortels au sujet de ressources rares, et la fin de nombreuses espèces en raison de la perte d'habitat.

Une population moins nombreuse (et par conséquent vieillissante) peut créer une société plus soutenable, une augmentation des salaires pour les travailleurs, moins de stress dans des villes moins surpeuplées, plus d'espaces verts et une plus grande qualité de vie. Oui, oui, vous pouvez me traiter d'écolo gauchisant…

Certes, une population plus âgée nécessitera plus de soins de santé, mais certains chercheurs suggèrent que ces coûts supplémentaires sont gérables et que les sociétés doivent promouvoir plus de mesures préventives pour réduire les dépenses futures. D'ailleurs, les vieux sont en meilleure santé qu'avant.

Les problèmes associés à une société vieillissante sont surévalués et gérables. Les avantages sociaux, économiques et environnementaux associés à une population stable ou déclinante font plus qu'en compenser les coûts économiques.

VOUS CHERCHEZ UN PAYS AVEC BEAUCOUP D'HOMMES

Que ce soit à la maison, dans la rue ou au sein de l'entreprise dont vous avez la chance d'être salarié, vous avez l'impression de côtoyer globalement autant de femmes que d'hommes – et inversement. Peut-être cette parité naturelle vous dérange-t-elle et, pour diverses raisons (philosophiques mais plus probablement sexuelles), aimeriez-vous qu'il y ait plus de représentants de l'un ou l'autre sexe ?

Avant tout, sachez que votre impression n'en est qu'une. Effectivement, parmi la population mondiale dans son ensemble, tous âges confondus, il y a un peu plus d'hommes que de femmes. Précisément 1,017 hommes pour 1 femme. On appelle ce rapport le *sex-ratio*, c'est-à-dire le nombre d'hommes pour une femme dans une population.

En France, le *sex-ratio* est de 0,96 – c'est-à-dire qu'il y a 96 hommes pour 100 femmes. Si vous cherchez à être entouré de plus d'hommes que de femmes, il faut effectivement bouger d'ici.

En effet, le *sex-ratio* varie selon les pays pour diverses raisons que je développerai plus bas si vous êtes sage.

Selon le *World Factbook* de la CIA, le pays qui compte le plus d'hommes par rapport aux femmes est :

1. le Qatar (avec un *sex-ratio* de 3,4 !)

Viennent ensuite :

2. les Émirats arabes unis
3. le Koweït
4. les Maldives
5. Oman
6. l'Arabie saoudite
7. l'Inde
8. la Libye
9. la Chine
10. le Kosovo

Beaucoup de pays du Moyen-Orient…

VOUS CHERCHEZ UN PAYS AVEC BEAUCOUP DE FEMMES

On l'a vu, en France, il y a 96 hommes pour 100 femmes. Mais, si vous souhaitez croiser plus de femmes que d'hommes dans votre vie quotidienne, il y a mieux.

Le pays qui compte le plus de femmes par rapport aux hommes est :

1. Djibouti (avec un *sex-ratio* de 0,84)

Puis :

2. la Lettonie
3. la Lituanie
4. la Russie
5. l'Ukraine
6. la Biélorussie
7. l'Estonie
8. Nauru
9. Antigua-et-Barbuda
10. la Hongrie

Beaucoup de pays d'Europe de l'Est…

◆

POPULATION

Sur la planète devraient logiquement coexister autant d'hommes que de femmes. Pourtant, selon les derniers chiffres de l'ONU, il y a aujourd'hui 101,7 hommes pour 100 femmes.

Si à l'échelle globale la différence paraît minime, elle varie significativement d'un pays à l'autre. Femmes et hommes sont en effet répartis inégalement dans le monde, de nombreux pays devant faire face à un déséquilibre entre les sexes. 81 pays ont plus de femmes que d'hommes tandis que 36 pays ont plus d'hommes que de femmes.

Dans les pays où le manque d'hommes prévaut, la situation peut entraîner une forme d'anxiété et d'insécurité chez les femmes, en même temps qu'un gonflement de l'ego masculin. Les hommes sont en effet conscients du fait que les femmes « font la queue », ce qui leur confère une position de supériorité. Quant aux femmes, elles savent qu'il est probable qu'elles devront partager leur homme, ce qui les place dans un état constant de compétition, les obligeant à diminuer leurs attentes.

La plupart de ces pays sont d'anciennes républiques soviétiques, où les hommes meurent jeunes en raison de l'alcoolisme, des maladies, des suicides et des accidents. Et puis, durant les sept décennies qu'a duré l'URSS, beaucoup d'hommes sont morts dans les guerres ou au goulag. En 1950, on comptait seulement 76,6 hommes pour 100 femmes en Russie…

À l'inverse, dans de nombreux pays du Moyen-Orient et d'Afrique du Nord, les hommes sont nettement plus nombreux que les femmes – avec des *sex-ratios* frappants pour certains pays comme le Qatar, où les femmes ne représentent que 24,6 % de la population. Dans beaucoup de ces pays, le manque de femmes peut être causé par les migrations. Ainsi, des milliers d'hommes émigrent vers le Moyen-Orient chaque année, sans être autorisés à amener leur compagne. La plupart des pays où les hommes surpassent les femmes sont aussi parmi les pires concernant l'égalité des sexes.

Mais le réel souci, c'est en Chine et en Inde qu'il se pose. Un mélange de préférences culturelles, de décrets gouvernementaux et de technologie médicale moderne ont créé un tel déséquilibre des sexes dans les deux pays les plus peuplés du monde que les hommes surpassent les femmes de 70 millions. Des hommes qui ne trouveront jamais de femme et ont rarement du sexe…

Les conséquences sont considérables. Au-delà d'une épidémie de solitude, le déséquilibre perturbe le marché du travail, fait grimper les taux d'épargne et diminuer la consommation, et bien sûr provoque l'augmentation des crimes violents, des viols et de la prostitution.

De tels déséquilibres n'avaient jamais existé dans l'histoire humaine connue…

VOUS CHERCHEZ UN PAYS AVEC BEAUCOUP DE GENS MINCES

L'Organisation mondiale de la Santé est probablement une institution grossophobe, puisqu'elle publie régulièrement les chiffres de l'obésité dans le monde. Si vous-même, sans être grossophobe, préférez les gens ne souffrant pas de surcharge pondérale, vous serez ravi d'apprendre que le pays où les gens sont les plus minces est :

1. le Vietnam
(seulement 2,10 % d'obèses dans la population)

Puis :

2. le Bangladesh
3. le Cambodge
4. l'Inde
5. le Népal
6. le Japon
7. l'Éthiopie
8. la Corée du Sud
9. l'Érythrée
10. le Sri Lanka

C'est dans plusieurs petits pays insulaires d'Océanie que les gens sont les plus gros : à Nauru (61 %

d'obèses), puis les Îles Cook, les Palaos, les Îles Marshall, les Tuvalu, Niue, les Tonga, les Samoa, les Kiribati, la Micronésie.

En dehors de cette région particulière, c'est au Koweït que les gens sont les plus gros (37, 90 % d'obèses), puis les États-Unis, la Jordanie, l'Arabie saoudite, le Qatar, la Libye, la Turquie, l'Égypte, le Liban.

VOUS CHERCHEZ UN PAYS AVEC BEAUCOUP DE GENS GRANDS

L'OMS nous fournit aussi gracieusement les tailles moyennes par pays.

Le pays où les gens sont les plus grands est :

1. les Pays-Bas
(en moyenne 1,84 mètre pour les hommes
et 1,71 mètre pour les femmes)

Puis :

2. le Monténégro
3. le Danemark
4. la Norvège
5. la Serbie
6. l'Allemagne
7. la Croatie
8. la Tchéquie
9. la Slovénie
10. le Luxembourg

Les personnes les plus petites se trouvent en Indonésie (en moyenne 1,63 mètre pour les hommes, 1,53 mètre pour les femmes). Puis la Bolivie, les Philippines, le Vietnam, le Cambodge, le Népal, l'Équateur, le Sri Lanka, le Nigeria, le Pérou.

◆

Les Néerlandais sont les plus grands de la planète. Oui, on appelle les habitants des Pays-Bas les Néerlandais, pas les Hollandais. Les Hollandais, ce sont les habitants de la Hollande, qui est une région des Pays-Bas. Alors pourquoi ne dit-on pas Pays-Basais ? Je ne sais pas, et laissez-moi reprendre mon propos, merci. Les Néerlandais ont donc gagné 20 centimètres en un siècle et demi. Les scientifiques ont avancé plusieurs théories, comme des causes environnementales, ou l'économie. Mais ce serait plutôt l'évolution.

Des biologistes comportementaux ont découvert que les hommes plus grands ont plus d'enfants. Et qu'ils ont moins tendance à ne pas avoir d'enfants ou à être célibataires. Combiné avec le fait que les hommes plus grands tendent à avoir de plus hauts revenus, une meilleure santé et de meilleures appréciations de la part de partenaires sexuels potentiels, il semblerait que la sélection sexuelle joue à plein régime au sein de la population néerlandaise.

La raison est plus difficile à identifier. Peut-être les hommes grands sont-ils plus susceptibles de divorcer et de commencer une deuxième famille, ou peut-être résistent-ils mieux aux maladies. Mais surtout, pourquoi les hommes grands aux Pays-Bas possèdent-ils un tel avantage, et pas dans les autres pays ? Eh bien, on ne sait pas.

On ne sait pas non plus pourquoi les Indonésiens sont les plus petits. Une hypothèse est que les ancêtres des Indonésiens modernes se sont croisés avec l'homme de Florès, un humain mesurant juste 1 mètre, vivant il y a encore 18 000 ans sur l'île indonésienne de Florès.

VOUS CHERCHEZ UN PAYS OÙ IL FAIT BEAU

On a beau écrire tout un bouquin sur les différentes raisons qui poussent à s'exiler, la principale motivation, pour beaucoup, c'est tout simplement la météo. Parce qu'en fait, qui a décidé de qualifier le climat français de « tempéré » au lieu de « maussade », voire « de merde » ? En effet, nul besoin d'un doctorat en géographie pour savoir que les deux tiers de notre pays pâtissent d'un climat océanique, laissant seulement à l'extrême sud un peu de climat méditerranéen…

Pour savoir où trouver le beau temps, demandons d'abord leur avis à ceux qui sont déjà partis. Selon le sondage *Expat Insider* du site de communauté pour les expatriés InterNations, le pays bénéficiant du meilleur climat (ensoleillement, températures, humidité, etc.) est :

1. le Costa Rica

Il est suivi par :

2. Chypre
3. la Grèce
4. Malte
5. l'Ouganda

6. le Kenya
7. l'Espagne
8. l'Afrique du Sud
9. le Mexique
10. le Portugal

De manière plus détaillée et officielle, les données de la World Meteorological Organization, portant sur 191 pays, nous apprennent que le pays possédant la température annuelle moyenne la plus élevée est :

1. le Burkina Fasso (28,25 °C)

Viennent ensuite :

2. le Mali
3. les Kiribati
4. Djibouti
5. les Tuvalu
6. le Sénégal
7. la Mauritanie
8. les Maldives
9. les Palaos
10. le Bénin

Toujours selon la WMO, le pays où se trouve la ville la plus ensoleillée du monde est les États-Unis (Yuma, 4015 heures d'ensoleillement par an), puis l'Égypte (Assouan), le Soudan (Dongola), le Tchad (Faya-Largeau), l'Afrique du Sud (Upington), le Niger (Bilma), les Émirats arabes unis (Abou Dhabi), Madagascar (Toliara), le Kenya (Lodwar), l'Australie (Tennant Creek).

VOUS CHERCHEZ UN PAYS OÙ IL NE FAIT PAS BEAU

Je ne ferai pas l'erreur d'oublier ceux d'entre vous qui n'aiment ni la chaleur ni le soleil. Si vous recherchez pire que la France, j'ai ce qu'il faut pour vous.

Selon le sondage *Expat Insider* déjà cité, le pays pâtissant du pire climat est :

1. la Belgique

Puis :

2. l'Irlande
3. le Koweït
4. le Danemark
5. le Luxembourg
6. les Pays-Bas
7. le Royaume-Uni
8. la Russie
9. la Suède
10. la Finlande

Selon les données de la World Meteorological Organization, le pays ayant la température annuelle moyenne la plus basse est :

1. le Canada (-5,35 °C)

Puis :

2. la Russie
3. la Mongolie
4. la Norvège
5. le Kirghizistan
6. la Finlande
7. l'Islande
8. le Tadjikistan
9. la Suède
10. l'Estonie

La WMO nous apprend également que le pays où se trouve la ville la moins ensoleillée du monde est les Îles Féroé (Tórshavn, seulement 840 heures d'ensoleillement par an), puis la Chine (Chongqing), le Brésil (São Joaquim), la Russie (Dikson), la Guinée équatoriale (Malabo), le Pérou (Lima), l'Islande (Reykjavik), l'Argentine (Ushuaïa), Taïwan (Taipei), le Royaume-Uni (Édimbourg).

◆

Pourquoi les pays froids sont-ils en général riches et les pays chauds globalement pauvres ?

De manière intuitive, on s'imagine que les pays tropicaux et équatoriaux bénéficiant de plus de soleil, leur agriculture devrait être plus productive. Les gens, moins déprimés que les Nordiques, devraient eux aussi être plus productifs. La moindre nécessité de construire des logements isolés et chauffés devrait laisser plus de ressources pour bâtir une société prospère.

Pourtant, presque partout, les pays moins chauds affichent de bien meilleurs résultats économiques. Le

Japon, l'Europe du Nord, le Canada, les États-Unis prospèrent. En Amérique latine, le Chili et l'Argentine ne sont pas de grandes puissances économiques mais font bien mieux que la plupart de leurs voisins. Bien sûr, il y a des exceptions. Parmi les pays froids, la Russie et d'autres pays d'Europe de l'Est ne sont pas très riches – mais après des décennies de régime communiste...

Plusieurs explications sont avancées par les chercheurs. La première concerne la santé : le froid tue les germes, donnant ainsi aux régions septentrionales un avantage à long terme par rapport aux pays du Sud.

Et puis, la richesse est graduellement remontée vers le nord en raison du saccage environnemental provoqué par les humains : les régions prospères originales et plus chaudes ont été les premières à être exploitées et donc détruites. De plus, dans le nord plus humide, les sols étaient plus résilients.

Enfin, et c'est peut-être la raison la plus importante, les humains installés dans le nord ont été obligés de se montrer particulièrement entreprenants. Pour survivre dans de tels climats, les gens ont besoin de beaucoup de choses : de vêtements, de bâtiments, d'énergie pour se chauffer. De systèmes pour produire tout cela. De systèmes pour stocker les aliments de saison à saison...

Même si vous êtes du genre à vous morfondre durant l'hiver, pensez que c'est ce même hiver qui vous a rendu relativement riche.

VOUS VOULEZ VIVRE DANS UN PAYS QUI NE SERA PAS (OU PAS TROP) AFFECTÉ PAR LE CHANGEMENT CLIMATIQUE

Si, à la lecture de ce qui précède, vous avez décidé de vous expatrier là où il fait beau et chaud, jetez quand même un coup d'œil à la météo à long terme. Le changement climatique risque en effet – en réalité, il a déjà commencé – d'affecter la viabilité de certains territoires.

Le *Notre Dame Global Adaptation Index*, publié par l'université Notre-Dame, étudie la vulnérabilité des pays, ainsi que leur capacité à faire face au changement climatique, au travers de données telles que l'état de leur infrastructure, l'approvisionnement en nourriture, les capacités technologiques, la préparation des autorités...

Le pays qui sera le moins affecté par le changement climatique est :

1. la Norvège

Puis :

2. la Nouvelle-Zélande
3. la Finlande
4. la Suède
5. l'Australie
6. la Suisse
7. le Danemark
8. l'Autriche
9. l'Allemagne
10. l'Islande

Le pays qui sera le plus affecté par le changement climatique est la Somalie, puis le Tchad, l'Érythrée, la Centrafrique, la République démocratique du Congo, le Soudan, le Niger, Haïti, l'Afghanistan, la Guinée-Bissau.

VOUS VOULEZ VIVRE DANS UN PAYS NON (OU PAS TROP) POLLUÉ

Chaque année, la pollution de l'air cause plus de trois millions de décès dans le monde. Vous serez donc bien avisé de préférer un pays respirable…

Selon les mesures des concentrations en particules fines dans les villes, documentées par l'Organisation mondiale de la Santé, le pays le moins pollué est :

1. l'Australie

Puis :

2. Brunei
3. la Nouvelle-Zélande
4. l'Estonie
5. la Finlande
6. le Canada
7. l'Islande
8. la Suède
9. l'Irlande
10. le Liberia

Le pays le plus pollué est le Pakistan, puis le Qatar, l'Afghanistan, le Bangladesh, l'Égypte, les Émirats arabes unis, la Mongolie, l'Inde, Bahreïn, le Népal.

VOUS CHERCHEZ UN PAYS OÙ ON MANGE BIEN (SUFFISAMMENT DE NOURRITURE SAINE)

Alors bien sûr, quand on évoque « l'art de vivre », on pense à la France. Et quand on parle de manger aussi. Pourtant, même dans ce domaine, il faut aller chercher à l'étranger la première place des classements.

Afin d'évaluer les pays où on mange bien – c'est-à-dire de manière suffisante et de façon saine, le *Good Enough to Eat Index* de l'ONG Oxfam s'est basé sur quatre critères en forme de questions :

1. Les gens ont-ils assez à manger ? – mesuré par les niveaux de sous-nutrition et d'insuffisance pondérale des enfants.
2. Les gens ont-ils les moyens de manger ? – mesuré par les prix de la nourriture comparés à d'autres biens et services et par la volatilité des prix de la nourriture.

3. La nourriture est-elle de bonne qualité ? – mesuré par la diversité des régimes alimentaires et l'accès à de l'eau propre et sans danger.
4. Quelle est l'étendue des conséquences des régimes alimentaires malsains ? – mesuré par le diabète et l'obésité.

Le pays où on mange le mieux (suffisamment de nourriture saine) est :

1. les Pays-Bas

Viennent ensuite :

2. la France
3. la Suisse
4. le Danemark
5. la Suède
6. l'Autriche
7. la Belgique
8. l'Irlande
9. l'Italie
10. le Portugal

Le pays où on mange le moins bien est le Tchad, puis l'Angola, l'Éthiopie, Madagascar, le Yémen, le Niger, le Burundi, le Mozambique, le Zimbabwe, la Sierra Leone.

VOUS CHERCHEZ UN PAYS OÙ ON MANGE BIEN (DE LA BONNE CUISINE)

Et puis, il y a les pays où on mange bien. Pas seulement en quantité et en sanité, mais – comment dire – en *bonnité.* Il n'existe pas ici de classements officiels, mais des classements basés sur la perception.

Ainsi selon les données extraites du *Best Countries Ranking* du US World News & Report, le pays proposant la meilleure cuisine est :

1. l'Italie

Suivie de :

2. l'Espagne
3. la France
4. le Mexique
5. la Grèce
6. la Thaïlande
7. le Portugal
8. l'Inde
9. l'Argentine
10. la Turquie

Selon le site d'évaluations Ranker, le pays proposant la meilleure cuisine est également :

1. l'Italie

Puis :

2. la France
3. l'Inde
4. l'Espagne
5. la Grèce
6. le Mexique
7. le Japon
8. la Chine
9. le Liban
10. la Thaïlande

Le pays ayant la plus mauvaise cuisine est le Liberia, puis le Salvador, la Pologne, le Bénin, le Tadjikistan, le Kirghizistan, l'Érythrée, le Turkménistan, la Centrafrique, la République démocratique du Congo.

Et puis il y a le prix des *World's 50 Best Restaurants*, qui peut également donner une indication. Selon le vote du jury constitué de mille experts, le meilleur restaurant du monde se trouve en France (Mirazur, à Menton). Viennent ensuite le Danemark (Noma, à Copenhague), l'Espagne (Asador Etxebarri, à Atxondo), la Thaïlande (Gaggan, à Bangkok), le Danemark (Geranium, à Copenhague), le Pérou (Central, à Lima), l'Espagne (Mugaritz, à Errenteria), la France (Arpège, à Paris), l'Espagne (Disfrutar, à Barcelone), le Pérou (Maido, à Lima).

VOUS VOULEZ VIVRE DANS UN PAYS OÙ ON BOIT BEAUCOUP D'ALCOOL

Vous êtes ce qu'on appelle un bon vivant et appréciez la compagnie de virils buveurs de vin. Ou bien peut-être prévoyez-vous de ressentir un tel mal du pays que vous devrez le noyer dans l'alcool...

Selon les chiffres de l'Organisation mondiale de la Santé, le pays où on boit le plus est :

1. la Biélorussie
(une moyenne de 17,6 litres par an et par personne)

Il est suivi par :

2. la Moldavie
3. la Lituanie
4. la Russie
5. la Roumanie
6. l'Ukraine
7. l'Andorre
8. la Hongrie
9. la Tchéquie
10. la Slovaquie

Une majorité de pays d'Europe de l'Est, donc.

Il est également possible d'évaluer les pays dans lesquels les gens s'adonnent le plus au *binge drinking* (ou « alcoolisation ponctuelle importante »), c'est-à-dire ont consommé plus de six verres standards en une seule occasion au cours des trente derniers jours. Toujours selon l'OMS, le pays où le plus d'habitants ont connu un épisode de *binge drinking* est l'Autriche, puis l'Irlande, la République tchèque, la Lituanie, la Finlande, la Grèce, la Belgique, le Paraguay, la Moldavie, la France.

Si au contraire vous préférez un pays où on boit peu (ou pas) d'alcool, l'Organisation mondiale de la Santé indique que le pays où on boit le moins est le Pakistan (avec une moyenne de 0,1 litre par an et par personne), puis la Mauritanie, la Libye, le Koweït, le Bangladesh, l'Arabie saoudite, les Comores, le Yémen, le Niger, l'Égypte.

Dans la plupart de ces pays, la consommation d'alcool est tout simplement interdite – ou culturellement mal vue.

VOUS VOULEZ VIVRE DANS UN PAYS OÙ ON VOUS LAISSE BOIRE, MANGER ET FUMER TRANQUILLE

Beaucoup d'États se soucient de la santé de leurs administrés. Certains un peu plus que d'autres. Voire trop, au point de se voir affublés du sobriquet d'« État nounou ».

Le *Nanny State Index*, publié par le Institute of Economic Affairs, mesure ainsi le degré de « moralisation » dans les 28 pays de l'Union européenne. Les critères utilisés pour classer un pays dans cet « index des États nounous » sont par exemple les taxes, les restrictions de vente, l'interdiction de la publicité sur la nourriture et les sodas, l'alcool, et le tabac, qui entravent ou pas la liberté de consommer.

Le pays où on peut le plus librement boire, manger et fumer est :

1. l'Allemagne

Viennent ensuite :

2. la Tchéquie
3. la Slovaquie
4. l'Autriche
5. le Luxembourg
6. l'Espagne
7. l'Italie
8. les Pays-Bas
9. le Danemark
10. Malte

Le pays où on peut le moins librement boire, manger et fumer est la Finlande, puis la Lituanie, l'Estonie, le Royaume-Uni, la Hongrie, l'Irlande, la Lettonie, la Suède, la Slovénie, la France.

Ce classement montre qu'il n'y a pas de corrélation substantielle entre les politiques de moralisation de la consommation et l'espérance de vie. Les pays de l'Union européenne connaissant l'espérance de vie la plus élevée sont l'Espagne et l'Italie, or ils font aussi partie des pays ayant mis en place le moins de régulations…

VOUS VOULEZ VIVRE DANS UN PAYS OÙ ON DORT BIEN

Selon une étude des données de Sleep Cycle, une application calculant le temps de sommeil d'un million d'utilisateurs dans le monde, le pays dont les habitants dorment le plus est :

1. la Nouvelle-Zélande (7 h 40 par nuit)

Puis :

2. la Finlande
3. les Pays-Bas
4. l'Australie
5. la Grande-Bretagne
6. la Belgique
7. l'Irlande
8. la France
9. la Suède
10. l'Estonie

Le pays dont les habitants dorment le moins est le Japon (6 h 20 par nuit). Puis la Corée du Sud, l'Arabie saoudite, les Philippines, la Malaisie, l'Égypte, le Pérou, l'Inde, Taïwan, la Turquie.

◆

Même si les habitants des pays les plus riches tendent à être bien reposés – ce qui suggère qu'un bon sommeil est un genre de luxe –, cette corrélation tend à diminuer en Asie et au Moyen-Orient. Dans des pays comme Taïwan ou la Corée du Sud, beaucoup se couchent à 1 heure du matin. Par ailleurs, dans la plupart des pays musulmans, nombreux sont ceux qui se réveillent à l'aube pour la prière du matin. Or, la fatigue induite peut affaiblir une économie : en faisant baisser la productivité, elle coûte au Japon près de 3 % de son PIB.

Étonnamment, aucun pays n'atteint la moyenne de huit heures de sommeil par nuit, la moyenne mondiale étant de sept heures et douze minutes. Or, les adultes ont besoin de sept à neuf heures de sommeil. Rester éveillé vingt heures de suite entraîne les mêmes effets débilitants sur la réflexion et le temps de réaction que le fait de boire une bouteille de vin. Deux semaines de nuits à six heures de sommeil ralentissent le cerveau autant que faire deux nuits blanches consécutives, et maintenir régulièrement ce rythme accroît les risques de décès prématuré de 13 %.

Notre mépris pour le sommeil est relativement récent. Avant que l'éclairage électrique ne devienne courant, la plupart des gens allaient au lit peu de temps après que le soleil se fut couché...

VOUS VOULEZ VIVRE DANS UN PAYS OÙ LES GENS SONT BIEN HABILLÉS

Nous abordons là un sujet des plus essentiel, car, comme l'a dit un jour Beau Brummell (à moins que ce ne fût son cousin, ou un voisin, mais en tout cas quelqu'un l'a bien dit, et c'est ce qui importe) : « Un peuple se juge à la coupe de ses atours. »

Selon les données extraites du *Best Countries Ranking* du US News & Report, le pays dont les habitants s'habillent le mieux est :

1. l'Italie

Viennent ensuite :

2. la France
3. l'Espagne
4. les États-Unis
5. le Royaume-Uni
6. le Brésil
7. le Japon
8. la Suède
9. Singapour
10. les Pays-Bas

On peut également se risquer à mesurer le goût vestimentaire des habitants d'un pays au travers de ses écoles des métiers de la mode. Selon le *Global Fashion School Ranking* du site professionnel The Business of Fashion, le pays possédant la meilleure école des métiers de la mode est le Royaume-Uni (Central Saint Martins à Londres), puis les États-Unis (Parsons School of Design à New York City), la Belgique (Académie Royale des Beaux-Arts à Anvers), la Finlande (École d'Art de l'Université d'Aalto à Helsinki), Israël (Shenkar College à Ramat-Gan), l'Italie (Polimoda à Florence).

VOUS CHERCHEZ UN PAYS OÙ LES GENS LISENT

Mais laissons là les questions d'apparence et intéressons-nous à ce qui constitue un bel esprit. Si vous n'en pouvez plus des librairies qui ferment, des inconnus dans le métro qui au lieu de lire jouent sur leur smartphone, des amis qui ne savent même pas qui est John Kennedy Toole, la Central Connecticut State University a travaillé pour vous.

Selon l'étude *World's Most Literate Nations*, portant sur 61 pays, prenant en compte le nombre de librairies, de bibliothèques, de journaux, d'années de scolarisation... le pays le plus alphabétisé est :

1. la Finlande

Puis :

2. la Norvège
3. l'Islande
4. le Danemark
5. la Suède
6. la Suisse
7. les États-Unis
8. l'Allemagne
9. la Lettonie
10. les Pays-Bas

Le PISA, mené par l'OCDE, est un ensemble d'études visant à mesurer les performances des élèves, et donc des systèmes éducatifs de 79 pays.

Selon le classement PISA concernant les connaissances en lecture, le pays dont les élèves ont le meilleur niveau est la Chine, puis Singapour, l'Estonie, le Canada, la Finlande, l'Irlande, la Corée du Sud, la Pologne, la Suède, la Nouvelle-Zélande

Par ailleurs, selon le *NOP World Culture Score Index* (ne portant que sur 29 pays), le pays où on lit le plus est l'Inde (10,7 heures par semaine). Viennent ensuite la Thaïlande, la Chine, les Philippines, l'Égypte, la République tchèque, la Russie, la Suède, la France.

Enfin, le pays représentant la plus grande part du marché mondial de l'édition est les États-Unis (30 %), suivi de la Chine, l'Allemagne, le Japon, le Royaume-Uni, la France, l'Italie, l'Espagne, le Brésil, l'Inde.

VOUS CHERCHEZ UN PAYS OÙ LES GENS FONT DU SPORT

Selon le *International Sporting Index* du site de vente Live Football Tickets, portant sur 136 pays, prenant en compte six critères (niveaux nationaux d'activité physique, reconnaissance des sports, performances des sportifs professionnels, nombre de stades, nombre de médailles olympiques, classement FIFA), le pays le plus sportif est :

1. les États-Unis

Puis :

2. la Russie
3. la Chine
4. l'Allemagne
5. la France
6. le Royaume-Uni
7. l'Australie
8. le Japon
9. l'Espagne
10. l'Italie

Le pays le moins sportif est les Îles Marshall. Puis les Kiribati, la Micronésie, le Koweït, le Bhoutan, l'Érythrée, le Tchad, les Maldives, la Dominique, Saint-Christophe-et-Niévès.

VOUS VOULEZ VIVRE DANS UNE VILLE « HIP »

Vous avez dû le comprendre au fil de la lecture de cet ouvrage : qui que vous soyez, quelles que soient vos opinions, inclinations ou désirs, nous ne vous jugeons pas. Même si vous avez envie de vivre dans une ville « hip ».

Et figurez-vous que le cas échéant, il existe un *Hipster Index*. Oui. Le site MoveHub a en effet collecté, dans 446 villes de plus de 150 000 habitants dans 20 pays, des données selon les cinq critères suivants : le nombre de restaurants vegans, de coffee shops, de salons de tatouage, de boutiques vintages et de magasins de disques.

La ville la plus hip est Brighton et Hove (Royaume-Uni). Puis Portland (États-Unis), Salt Lake City (États-Unis), Seattle (États-Unis), Lisbonne (Portugal), Fort Lauderdale (États-Unis), Miami (États-Unis), Orlando (États-Unis), Helsinki (Finlande), Spokane (États-Unis).

VOUS CHERCHEZ UN PAYS OÙ ON PEUT SE FAIRE FACILEMENT DES AMIS

Bien manger, bien boire, bien s'habiller, d'accord, mais à quoi bon si on n'a pas d'amis pour partager ces bons moments ? Se faire des amis est en effet une des préoccupations principales de toute personne envisageant de s'expatrier, surtout vers un pays dont on ne connaît ni la culture ni la langue.

Selon le sondage *Finding Friends* de l'étude Expat Insider de InterNations, le pays où il est le plus facile de se faire des amis est :

1. le Costa Rica

Il est suivi par :

2. le Mexique
3. l'Argentine
4. l'Ouganda
5. Malte
6. Bahreïn
7. Oman
8. le Cambodge
9. les Philippines
10. la Colombie

Principalement des pays d'Amérique latine.

▸ **La France est en 52e position.**

Le pays où il est le moins facile de se faire des amis est la Suède, puis le Danemark, la Norvège, la Suisse, le Koweït, le Qatar, l'Allemagne, l'Autriche, la Finlande, l'Arabie saoudite.

Principalement des pays du nord de l'Europe.

◆

La Suède arrive en tête des classements internationaux dans de nombreux domaines, mais est régulièrement classée comme un des pires pays où se faire des amis. C'est fâcheux.

Cet état de fait est souvent attribué à l'histoire du pays, une société de paysans, dispersés à travers le pays dans des villages isolés. De plus, aujourd'hui, les Suédois n'ont pas besoin d'un réseau social étendu puisqu'ils bénéficient d'un État-providence très développé, dispensant de s'en remettre aux proches durant les périodes de faiblesse. Et puis il y a des facteurs culturels, comme l'importance que les Suédois donnent à l'autonomie individuelle.

Cet idéal d'indépendance se reflète dans la grande proportion de personnes vivant seules – la plus élevée d'Europe – et s'infiltre dans tous les domaines de l'existence. L'idée que les gens doivent être autonomes, indépendants et capables de faire les choses sans avoir besoin de l'aide de quelqu'un est très répandue.

On s'en doute, pour un nouvel arrivant sans réseau de support, ça peut être dur. Et dans un pays où les métiers sont souvent trouvés au travers de ses contacts, tout comme les logements, l'absence d'un cercle d'amis impacte forcément des aspects essentiels de l'existence.

Mais les étrangers ne sont pas les seuls à être affectés par cette culture de l'indépendance : 40 % de la population autochtone adulte se sent seule…

VOUS CHERCHEZ UN PAYS OÙ LES GENS SONT HEUREUX

Il paraît que le bonheur est communicatif. Enfin, c'est même prouvé scientifiquement. Oui, selon une étude parue dans le *British Medical Journal* en 2008, chaque ami heureux augmente de 9 % votre probabilité d'être heureux, le bonheur se propageant sur trois niveaux, jusqu'aux amis des amis des amis.

Quand on sait par ailleurs que le bonheur a un effet protecteur sur le système immunitaire, on comprend que ce ne serait pas une mauvaise idée – au risque de paraître gnangnan – de s'installer là où les gens sont heureux.

Le *World Happiness Report*, publié par le United Nations Sustainable Development Solutions Network, mesure le bonheur et le bien-être des habitants de 156 pays, dans des domaines aussi variés que la durée de vie en bonne santé, la liberté de faire des choix, la générosité, le soutien social…

Le pays le plus heureux est :

1. la Finlande

Arrivent ensuite :

2. la Norvège
3. le Danemark
4. l'Islande
5. la Suisse
6. les Pays-Bas
7. le Canada
8. la Nouvelle-Zélande
9. la Suède
10. l'Australie

Beaucoup de pays du nord de l'Europe, mais aucune des plus grandes puissances économiques…

▸ **La France est 23e.**

Le pays le moins heureux est le Burundi, puis la République centrafricaine, le Sud-Soudan, la Tanzanie, le Yémen, le Rwanda, la Syrie, le Liberia, Haïti, le Malawi.

VOUS CHERCHEZ UN PAYS AYANT UNE BONNE RÉPUTATION

On va essayer de ne pas trop se faire du mal mais... vous vous souvenez quand la France était un pays stylé ? Et même, le pays le plus stylé du monde ? Vous vous rappelez cette époque où, à l'étranger, il vous suffisait de dire que vous étiez Français pour qu'immédiatement l'image de Louis XIV ou de Napoléon surgisse dans l'esprit de votre interlocuteur ? Pour qu'on vous demande si vous jouiez de l'épée aussi bien que d'Artagnan ? Pour que le moindre Allemand s'écrase en se souvenant des valeureuses actions de vos ancêtres résistants ? Pour que les plus gros financiers internationaux aient envie d'investir dans chacun de vos projets géniaux car français ?

Non, vous ne vous en souvenez pas. Il faudrait plutôt demander à vos grands-parents – s'ils ne sont pas encore morts du chagrin causé par la dégringolade de la réputation et de l'influence de notre beau pays...

Aujourd'hui, pour vivre dans un pays un tant soit peu stylé, il faut s'exiler.

Selon le *Country Index* de l'agence de communication internationale Future Brand, destiné à évaluer les pays ayant la meilleure réputation de marque (c'est-à-dire où l'on veut vivre, investir, et acheter ses produits et services), basé sur six critères (système de valeurs, qualité de la vie, potentiel pour les affaires, traditions et culture, tourisme, produits et services), le pays ayant la meilleure réputation est :

1. le Japon

Il est suivi par :

2. la Norvège
3. la Suisse
4. la Suède
5. la Finlande
6. l'Allemagne
7. le Danemark
8. le Canada
9. l'Autriche
10. le Luxembourg

▸ **La France est en 17e position.**

Le pays ayant la pire réputation est l'Irak, puis l'Ukraine, le Pakistan, l'Iran, le Bangladesh, les Philippines, le Maroc, le Soudan, le Mexique, le Kenya.

VOUS VOULEZ VIVRE DANS UN PAYS AU PASSEPORT PUISSANT

Certains passeports sont plus stylés que d'autres. Nous ne parlons pas ici de leur apparence, mais de leur puissance, c'est-à-dire du nombre de pays auxquels ils donnent accès sans avoir besoin d'avoir recours à un visa préalable.

Selon le *Passport Index* publié par la société de conseil en citoyenneté Henley & Partners, basé sur les données fournies par la International Air Transport Authority, le pays au passeport le plus puissant est :

1. le Japon (189 pays accessibles sans visa)

Puis :

2. Singapour
3. la Finlande
4. l'Allemagne
5. la Corée du Sud
6. le Danemark
7. l'Italie
8. le Luxembourg
9. la France
10. l'Espagne

Le pays au passeport le plus faible est l'Afghanistan (25 pays accessibles sans visa préalable), puis l'Irak, la Syrie, le Pakistan, la Somalie, le Yémen, la Libye, le Soudan, le Népal.

♦

Le passeport le plus rare du monde est celui de l'Ordre souverain militaire hospitalier de Saint-Jean de Jérusalem, de Rhodes et de Malte, dont il existe uniquement 500 exemplaires en circulation. Il permet l'accès sans visa à 105 pays, quand même.

L'Ordre de Malte (son petit nom) est un ordre religieux catholique composé de plus de 13 500 chevaliers, chapelains et dames qui réalisent dans le monde entier des travaux de charité, de l'assistance médicale et humanitaire. Son siège se trouve à Rome, et c'est une des institutions chrétiennes les plus anciennes, puisqu'elle fut officiellement approuvée par le pape Pascal II en 1113.

La Charte constitutionnelle de l'Ordre de Malte, indique que « l'Ordre souverain militaire et hospitalier de Saint-Jean de Jérusalem, de Rhodes et de Malte, issu des Ospitalarii de l'hôpital de Saint-Jean de Jérusalem, appelé par les circonstances à ajouter à ses tâches primitives d'assistance une activité militaire pour la défense des pèlerins en Terre sainte et de la civilisation chrétienne en Orient, successivement souverain des Îles de Rhodes et de Malte, est un ordre religieux laïque, traditionnellement militaire, chevaleresque et nobiliaire ».

Même si d'un point de vue légal il s'agit d'une nation sans territoire, l'Ordre de Malte est considéré comme un sujet de droit international public, maintenant un certain nombre d'apparences étatiques et conservant le vocabulaire diplomatique : il définit par exemple un drapeau, entretient des relations avec 108 États et délivre un passeport.

Un passeport malheureusement très difficile à obtenir, puisqu'il est uniquement accordé aux membres du conseil souverain, aux chefs et aux membres de ses missions diplomatiques.

VOUS VOULEZ VIVRE DANS UNE VILLE GLOBALE

On le sait, généralement, la capitale et les plus grandes villes d'un pays n'ont rien à voir avec, justement, le pays qui les entoure (par exemple 99,9837 % du territoire français n'ont pas cette chance inouïe d'avoir Anne Hidalgo pour maire). C'est pour cela qu'il est important de choisir sa ville autant – voire plus – que son pays de destination.

Si vous êtes de ceux qui veulent vivre dans une ville attractive et influente, les villes globales sont pour vous. Une ville globale (en anglais *global city*, *power city* ou encore *alpha city*) est, en gros, un point de convergence des flux des réseaux économiques et politiques mondiaux.

Le *Global Power City Index*, publié par le Mori Memorial Foundation, évalue et classe les plus importantes villes de la planète en fonction de leur magnétisme, c'est-à-dire de leur capacité à attirer les personnes, les capitaux et les entreprises du monde entier. Elles sont classées à partir de 70 critères dans 6 catégories (économie, recherche et développement, interaction culturelle, habitabilité, environnement, accessibilité).

La ville la plus attractive est Londres (Royaume-Uni), puis New York (États-Unis), Tokyo (Japon), Paris (France), Singapour (Singapour), Amsterdam (Pays-Bas), Séoul (Corée du Sud), Berlin (Allemagne), Hong Kong (Chine), Sidney (Australie).

VOUS VOULEZ VIVRE DANS UN BEAU PAYS

Selon les personnes ayant voté sur le site de classement Ranker, le plus beau pays du monde est :

1. la Nouvelle-Zélande

Puis :

2. l'Islande
3. l'Italie
4. la Grèce
5. le Canada
6. la Norvège
7. l'Écosse
8. la Suisse
9. l'Autriche
10. la France

Selon les personnes ayant voté sur le site de voyages Rough Guides, le plus beau pays du monde est :

1. l'Écosse

Puis :

2. le Canada
3. la Nouvelle-Zélande
4. l'Italie
5. l'Afrique du Sud
6. l'Indonésie
7. le Royaume-Uni
8. l'Islande
9. les États-Unis
10. la Slovénie

STYLE

VOUS VOULEZ VIVRE DANS UN PAYS À LA FORTE IDENTITÉ CULTURELLE

Au moment d'évaluer la contribution mondiale d'un pays, ce sont plutôt ses traditions culturelles qui viennent à l'esprit plutôt que ses prouesses économiques ou technologiques. Les vestiges des luttes et des réalisations historiques deviennent même parfois synonymes du pays, définissant ses valeurs et son attrait pour le reste du monde.

Selon le classement *Best Countries Heritage* du sondage Best Countries publié par l'entreprise de médias US News & World Report, portant sur quatre critères (la richesse de l'histoire, l'accès à la culture, le nombre d'attractions culturelles, la cuisine) auquel ont répondu 20 000 personnes de toutes nationalités, évaluant 80 pays, le pays possédant la plus forte identité culturelle est :

1. l'Italie

Puis :

2. l'Espagne
3. la Grèce
4. la France
5. le Mexique
6. l'Inde
7. le Portugal
8. la Turquie
9. la Thaïlande
10. le Japon

VOUS CHERCHEZ UN PAYS AVEC BEAUCOUP D'HOMMES OU DE FEMMES

Si, au lieu d'en passer les pages d'un air distancié, vous avez commencé à parcourir les premières lignes de ce chapitre consacré à l'amour et au sexe, c'est probablement qu'en matières amoureuse et sexuelle, vous avez fait le tour de tout ce que pouvait vous apporter la France. Vous vous êtes lassé, pour diverses raisons, de vos compatriotes. À moins, c'est une possibilité, que vos compatriotes se soient lassés de vous. Ou bien tout simplement que vous avez toujours pensé que l'amour, c'est mieux ailleurs.

À l'heure de choisir une destination amoureuse, l'une des premières questions à logiquement se poser est, lorsque vous êtes un homme : dans quels pays y a-t-il le plus de femmes ? Et lorsque vous êtes une femme : dans quels pays y a-t-il le plus d'hommes ?

Alors pardon mais, avez-vous bien lu ce livre ? Parce que les réponses à ces questions, je les ai déjà données un peu plus haut. Passons donc sans plus tarder à la suite.

VOUS CHERCHEZ UN PAYS AVEC BEAUCOUP DE CÉLIBATAIRES (OU DU MOINS DE PERSONNES VIVANT SEULES)

Car en réalité, la première question à se poser, avant de choisir un pays où draguer, n'est-elle pas celle du nombre de célibataires ?

Nous disposons pour y répondre des chiffres de l'OCDE (qui ne concernent que 36 pays, mais pas des moindres).

Le pays comptant la plus grande proportion de personnes de plus de 20 ans vivant seules est :

1. le Danemark (24,1 %)

Puis :

2. la France
3. la Suède
4. la Finlande
5. la Belgique
6. la Norvège
7. le Luxembourg
8. l'Australie
9. l'Estonie
10. la Nouvelle-Zélande

Le pays comptant la plus petite proportion de personnes de plus de 20 ans vivant seules est la Turquie (3,9 %). Puis Chypre, le Portugal, Malte, la Roumanie, la Grèce, l'Espagne, la Slovénie, l'Irlande, le Canada.

VOUS CHERCHEZ UN PAYS AVEC BEAUCOUP DE GENS BEAUX

Sur ce sujet considéré comme subjectif, il n'existe malheureusement pas de statistiques. Concernant les femmes, on peut toutefois approcher de la vérité en étudiant la liste des gagnantes au concours Miss Monde...

Deux pays comptent un record de six gagnantes depuis la création du concours : le Vénézuela, et l'Inde.

Viennent ensuite avec trois gagnantes les États-Unis, la Jamaïque, l'Afrique du Sud, la Suède et l'Islande. La Grande-Bretagne compte bien cinq gagnantes, mais le concours étant le plus souvent organisé à Londres, est-ce vraiment représentatif ?

On peut aussi consulter le site Ranker, sur lequel des internautes du monde entier votent pour classer les pays ayant les plus belles femmes. Le pays arrivant en première position est :

1. la Russie

Puis :

2. l'Irak
3. l'Ukraine
4. la Suède
5. la Norvège
6. la Slovaquie
7. l'Italie
8. les Pays-Bas
9. le Danemark
10. la Lituanie

Concernant les hommes, pas de concours Mister Monde suffisamment régulier pour nous aider, mais sur le site de classement *The Top Tens*, le pays arrivant en première position est :

1. la Turquie

Puis :

2. l'Italie
3. l'Espagne
4. les États-Unis
5. la France
6. l'Allemagne
7. la Russie
8. la Tunisie
9. l'Iran
10. l'Azerbaïdjan

VOUS CHERCHEZ UN PAYS OÙ DRAGUER

Ces jalons une fois établis, il convient de déterminer les meilleurs pays où draguer.

L'entreprise de médias US News & World Report publie chaque année le classement *Best Countries for Dating*, basé sur cinq critères : les pays où la drague est fun, amicale, sexy, et où les gens sont approchables et dignes de confiance.

Le meilleur pays pour draguer est :

1. l'Italie

Puis :

2. le Brésil
3. l'Espagne
4. la Nouvelle-Zélande
5. l'Australie
6. le Canada
7. les Pays-Bas
8. l'Irlande
9. la Suède
10. la Thaïlande

VOUS CHERCHEZ UN PAYS OÙ TROUVER L'AMOUR

Draguer, c'est bien, mais cela ne permet pas à tous les coups de trouver l'amour. Si vous êtes ce genre de personne un peu fleur bleue, le classement *Best Countries for Romance with a Local* du sondage *Expat Insider* du site de communauté pour les expatriés InterNations est pour vous.

Le pays où le plus grand nombre d'expatriés tombent amoureux d'une personne autochtone est :

1. les Philippines

Puis :

2. la Grèce
3. le Brésil
4. la Colombie
5. la Thaïlande
6. le Japon
7. l'Italie
8. la Pologne
9. la Finlande
10. la Turquie

VOUS CHERCHEZ UN PAYS OÙ AVOIR DE NOMBREUX PARTENAIRES SEXUELS

Si votre truc c'est d'avoir beaucoup de partenaires sexuels, le *Global Sex Survey* de Durex portant sur 41 pays indique que le pays dans lequel les gens ont en moyenne le plus de partenaires sexuels dans la vie est :

1. la Turquie
(14,5 partenaires en une vie)

Puis :

2. l'Australie
3. la Nouvelle-Zélande
4. l'Islande
5. l'Afrique du Sud
6. la Finlande
7. la Norvège
8. l'Italie
9. la Suède
10. l'Irlande

VOUS CHERCHEZ UN PAYS OÙ AVOIR DE NOMBREUSES RELATIONS SEXUELLES

Si votre kif c'est d'avoir beaucoup de relations sexuelles (pas forcément avec beaucoup de partenaires, enfin c'est vous qui voyez), le *Global Sex Survey* de Durex indique que le pays où les gens ont en moyenne le plus de relations sexuelles en une année est :

1. la Grèce
(164 relations sexuelles en une année)

Puis :

2. le Brésil
3. la Russie
4. la Pologne
5. l'Inde
6. la Suisse
7. le Mexique
8. la Chine
9. la Nouvelle-Zélande
10. l'Italie

VOUS CHERCHEZ UN PAYS OÙ LES HOMMES ONT UN GRAND PÉNIS

Ah bah oui, on parle de tout ici. Selon le site World Data, qui a croisé les résultats de nombreuses études médicales comme celles publiées par le *Journal of Urology* ou le *Journal of Sexology*, portant sur 88 pays, le pays où les hommes ont en moyenne le pénis le plus grand est :

1. la République démocratique du Congo (17,93 cm en érection)

Puis :

2. l'Équateur
3. le Cameroun
4. la Bolivie
5. le Soudan
6. Haïti
7. le Sénégal
8. la Gambie
9. Cuba
10. les Pays-Bas

► **La France est en 12e position.**

Le pays où les hommes ont en moyenne le pénis le plus petit est le Cambodge (10,04 cm en érection). Puis la Birmanie, Taïwan, les Philippines, le Sri Lanka, le Bangladesh, la Thaïlande, le Vietnam, la Malaisie, Singapour.

VOUS CHERCHEZ LE MEILLEUR PAYS OU LA MEILLEURE VILLE OÙ VOUS INSTALLER

Les classements publiés par les organismes interétatiques, les ONG et les entreprises privées, c'est très bien, mais si au lieu de nous baser sur des statistiques établies par des salariés dans leur bureau, on demandait leur avis aux gens ? Eh bien c'est précisément ce qu'ont fait des organismes interétatiques, des ONG et des entreprises privées (ah, zut, encore eux).

Selon le *Expat Explorer Survey* publié par le groupe bancaire HSBC, un sondage auquel ont répondu 22 000 expatriés de toutes nationalités, installés dans 33 pays (basé sur de nombreux critères comme la qualité de la vie, la facilité d'installation, la progression de carrière, l'éducation des enfants, le revenu...), le meilleur pays où s'installer est :

1. la Suisse

Puis :

2. Singapour
3. le Canada
4. l'Espagne
5. la Nouvelle-Zélande

6. l'Australie
7. la Turquie
8. l'Allemagne
9. les Émirats arabes unis
10. le Vietnam

▸ **La France est en 17e position.**

Selon le *Best Countries* publié par l'entreprise de médias US News & World Report, un sondage auquel ont répondu 20 000 personnes de toutes nationalités, évaluant 80 pays, basé sur 65 critères regroupés en catégories comme la qualité de la vie, l'influence culturelle, la citoyenneté etc., le meilleur pays est aussi :

1. la Suisse

Puis :

2. le Japon
3. le Canada
4. l'Allemagne
5. le Royaume-Uni
6. la Suède
7. l'Australie
8. les États-Unis
9. la Norvège
10. la France

Le pire pays est l'Irak, puis l'Iran, l'Angola, la Serbie, le Liban, le Pakistan, le Nigeria, la Biélorussie, la Tunisie, la Jordanie.

Selon le Expat Insider publié par le site communautaire pour expatriés InterNations, un sondage auquel ont répondu 18 000 expatriés de 178 nationalités, installés dans 68 pays, basé sur 48 critères regroupés en catégories comme la qualité de la vie, la facilité d'installation, le travail, la vie de famille, etc., le meilleur pays pour s'installer est :

1. Bahreïn

Puis :

2. Taïwan
3. l'Équateur
4. le Mexique
5. Singapour
6. le Portugal
7. le Costa Rica
8. l'Espagne
9. la Colombie
10. la République tchèque

▸ **La France est en 34e position.**

Selon le site Nomad List, qui collecte des données sur plus de 300 critères (coût de la vie, température, sécurité, etc.) sur près de 800 villes autour du monde, la meilleure ville où s'installer est :

1. Mexico (Mexique)

Puis :

2. Bangkok (Thaïlande)
3. Buenos Aires (Argentine)
4. Canggu (Bali)
5. Budapest (Hongrie)
6. Chiang Maï (Thaïlande)
7. Belgrade (Serbie)
8. Medellín (Colombie)
9. Sofia (Bulgarie)
10. Taipei (Taïwan)

LES 20 MEILLEURS PAYS OÙ ALLER VIVRE

Il est temps de tirer quelques conclusions des multiples classements internationaux que nous venons de vous exposer – car nous réfléchissons, je vous le rappelle, au pays dans lequel vous allez vivre dans peu de temps.

Nous en arrivons donc aux 20 meilleurs pays vers lesquels s'exiler, que nous allons vous révéler du vingtième au premier, dans une sorte de grand classement des classements.

Bonne nouvelle : si vous avez décidé de vous appuyer sur les chiffres exposés dans cet ouvrage, vous n'aurez pas à partir bien loin pour trouver le bonheur. En effet, parmi les 20 pays en tête de notre palmarès, 14 sont européens.

20

LE LUXEMBOURG

Le Luxembourg arrive en…

- 1er si vous cherchez un pays où les salaires sont élevés
- 2e si vous cherchez un pays au PIB par habitant élevé
- 7e si vous cherchez un pays où être libre
- 7e si vous cherchez un pays qui favorise les affaires
- 8e si vous êtes jeune

Quand vous vivrez au Luxembourg plutôt qu'en France, vous :

- aurez 35,8 % moins de probabilités d'être sans emploi
- dépenserez 13,1 % de moins en impôts et taxes
- paierez 7,2 % en plus au restaurant

19

LE PORTUGAL

Le Portugal arrive en...

- 2e si vous êtes homosexuel
- 3e si vous cherchez un pays sûr et en paix
- 7e si vous cherchez un pays où on mange bien
- 9e si vous êtes jeune
- 10e si vous cherchez un pays où il fait beau

Quand vous vivrez au Portugal plutôt qu'en France, vous :

– dépenserez 12,5 % de plus en impôts et taxes
– serez 33,8 % plus susceptible de vivre sous le seuil de pauvreté
– dépenserez 17,4 % de moins pour votre santé
– paierez 18,6 % en moins pour vos vêtements

18
L'ALLEMAGNE

L'Allemagne arrive en…

- 1er si vous êtes jeune
- 4e si vous êtes vieux
- 4e si vous cherchez un pays qui favorise les affaires
- 6e si vous êtes un enfant
- 8e si vous cherchez un pays où s'installer
- 8e si vous êtes juif
- 10e si vous êtes une femme

Quand vous vivrez en Allemagne plutôt qu'en France, vous :

- gagnerez 15,1 % de revenus en plus
- aurez 60,0 % moins de probabilités d'être sans emploi
- aurez 29,5 % moins d'enfants
- paierez 0,8 % de moins pour les transports

17
L'ESPAGNE

L'Espagne arrive en…

- 1er si vous cherchez un pays où on est en bonne santé
- 2e si vous cherchez un pays où on mange bien
- 3e si vous cherchez un pays où draguer
- 4e si vous cherchez un pays où s'installer
- 4e si vous êtes homosexuel
- 5e si vous cherchez un pays où l'espérance de vie est élevée
- 7e si vous cherchez un pays où il fait beau

Quand vous vivrez en Espagne plutôt qu'en France, vous :

– aurez 24,6 % moins d'enfants
– dépenserez 21,8 % de moins pour l'éducation des enfants
– verrez 44,8 % plus de côtes maritimes
– paierez 14,0 % de moins pour les loisirs et le sport

16

L'ITALIE

L'Italie arrive en…

- 1er si vous cherchez un pays où on mange bien
- 1er si vous cherchez un pays où draguer
- 2e si vous cherchez un pays où on est en bonne santé
- 7e si vous êtes croyant
- 7e si vous cherchez un pays où l'espérance de vie est élevée
- 8e si vous êtes un enfant

Quand vous vivrez en Italie plutôt qu'en France, vous…

– gagnerez 13,0 % de revenus en moins
– aurez 16,8 % plus de probabilités d'être sans emploi
– aurez 28,4 % moins de probabilité d'avoir accès à l'Internet
– paierez 10,2 % de moins pour le logement

15
L'IRLANDE

L'Irlande arrive en…

- 5ᵉ si vous cherchez un pays au PIB par habitant élevé
- 7ᵉ si vous êtes un enfant
- 7ᵉ si vous cherchez un pays démocratique
- 8ᵉ si vous cherchez un pays où les salaires sont élevés
- 8ᵉ si vous cherchez un pays où draguer
- 9ᵉ si vous êtes progressiste
- 10ᵉ si vous cherchez un pays prospère

Quand vous vivrez en Irlande plutôt qu'en France, vous :

- serez 17,1 % plus susceptible d'être obèse
- serez 42,3 % moins susceptible de vivre sous le seuil de pauvreté
- dépenserez 34,5 % de moins pour l'éducation des enfants
- paierez 17,5 % de plus pour les loisirs et le sport

14

LE ROYAUME-UNI

Le Royaume-Uni arrive en...

- 5e si vous êtes jeune
- 5e si vous êtes juif
- 5e si vous cherchez un pays où les salaires sont élevés
- 6e si vous êtes croyant
- 7e si vous êtes homosexuel
- 7e si vous cherchez un pays prospère
- 10e si vous êtes vieux
- 10e si vous êtes progressiste
- 10e si vous cherchez un pays qui favorise les affaires

Quand vous vivrez au Royaume-Uni plutôt qu'en France, vous :

– serez 28,7 % plus susceptible d'être obèse
– aurez 53,7 % moins de probabilités d'être sans emploi
– serez 34,4 % moins susceptible de mourir durant l'enfance
– dépenserez 20,9 % de moins pour votre santé
– paierez 1,5 % de plus pour les transports

13

L'ISLANDE

L'Islande arrive en...

- 1er si vous êtes progressiste
- 1er si vous cherchez un pays sûr et en paix
- 2e si vous cherchez un pays démocratique
- 3e si vous cherchez un pays où on est en bonne santé
- 4e si vous cherchez un pays où les gens sont heureux
- 6e si vous cherchez un pays où l'espérance de vie est élevée
- 7e si vous êtes vieux

Quand vous vivrez en Islande plutôt qu'en France, vous :

– vivrez 1,2 année de plus
– gagnerez 18,3 % de revenus en plus
– aurez 12,3 % plus d'enfants
– dépenserez 22,6 % de moins pour votre santé
– paierez 24,5 % de plus pour les courses

12
LES ÉTATS-UNIS

Les États-Unis arrivent en…

- 2e si vous êtes juif
- 4e si vous cherchez un pays où les salaires sont élevés
- 9e si vous êtes vieux
- 9e si vous êtes croyant
- 9e si vous êtes athée
- 9e si vous cherchez un pays qui favorise les affaires
- 10e si vous cherchez un pays au PIB par habitant élevé

Quand vous vivrez aux États-Unis plutôt qu'en France, vous :

– vivrez 1,9 année de moins
– serez 67,6 % plus susceptible d'être obèse
– gagnerez 35,8 % de revenus en plus
– dépenserez 48,7 % de plus pour votre santé
– paierez 14,8 % de moins au restaurant

11
SINGAPOUR

Singapour arrive en...

- 1er si vous êtes un enfant
- 2e si vous cherchez un pays où s'installer
- 3e si vous cherchez un pays au PIB par habitant élevé
- 3e si vous cherchez un pays où l'espérance de vie est élevée
- 6e si vous cherchez un pays pour naître
- 7e si vous cherchez un pays sûr et en paix
- 8e si vous cherchez un pays où on est en bonne santé
- 10e si vous cherchez un pays au taux d'emploi élevé

Quand vous vivrez à Singapour plutôt qu'en France, vous :

– serez 71,8 % moins susceptible d'être obèse
– aurez 76,8 % moins de probabilités d'être sans emploi
– dépenserez 56,2 % de moins en impôts et taxes
– dépenserez 57,4 % de moins pour votre santé
– paierez 11,8 % en moins pour vos vêtements

10

LE JAPON

Le Japon arrive en...

- 1er si vous cherchez un pays où l'espérance de vie est élevée
- 4e si vous êtes croyant
- 4e si vous cherchez un pays où on est en bonne santé
- 5e si vous êtes athée
- 7e si vous cherchez un pays où les salaires sont élevés
- 8e si vous êtes vieux
- 9e si vous cherchez un pays sûr et en paix
- 10e si vous êtes jeune

Quand vous vivrez au Japon plutôt qu'en France, vous :

– vivrez 3,4 années de plus
– serez 80,1 % moins susceptible d'être obèse
– aurez 69,5 % moins de probabilités d'être sans emploi
– dépenserez 11,5 % de plus en impôts et taxes
– serez 13,4 % moins susceptible de vivre sous le seuil de pauvreté
– paierez 6,7 % de plus pour le logement

9

LA NOUVELLE-ZÉLANDE

La Nouvelle-Zélande arrive en…

- 2e si vous cherchez un pays sûr et en paix
- 2e si vous cherchez un pays prospère
- 4e si vous cherchez un pays démocratique
- 4e si vous cherchez un pays où draguer
- 5e si vous cherchez un pays où s'installer
- 5e si vous êtes progressiste
- 7e si vous cherchez un pays pour naître
- 8e si vous cherchez un pays où être libre
- 8e si vous cherchez un pays où les gens sont heureux
- 9e si vous êtes une femme

Quand vous vivrez en Nouvelle-Zélande plutôt qu'en France, vous :

– serez 42,6 % plus susceptible d'être obèse
– gagnerez 11,2 % de revenus en plus
– aurez 48,4 % moins de probabilités d'être sans emploi
– dépenserez 34,3 % de moins en impôts et taxes
– dépenserez 14,5 % de plus pour l'éducation des enfants
– paierez 15,7 % de plus pour les courses

8

LES PAYS-BAS

Les Pays-Bas arrivent en…

- 2e si vous êtes athée
- 5e si vous êtes une femme
- 5e si vous cherchez un pays où être libre
- 6e si vous êtes jeune
- 6e si vous êtes vieux
- 6e si vous êtes homosexuel
- 6e si vous cherchez un pays où les gens sont heureux
- 7e si vous cherchez un pays où draguer
- 8e si vous cherchez un pays pour naître
- 9e si vous cherchez un pays prospère

Quand vous vivrez aux Pays-Bas plutôt qu'en France, vous :

– gagnerez 22,4 % de revenus en plus
– aurez 49,5 % moins de probabilités d'être sans emploi
– serez 38,0 % moins susceptible de vivre sous le seuil de pauvreté
– aurez 12,5 % moins de probabilité de mourir durant l'enfance
– aurez 10,7 % moins d'enfants
– verrez 86,8 % moins de côtes maritimes
– paierez 2,5 % de plus au restaurant

7

L'AUSTRALIE

L'Australie arrive en…

- 2e si vous cherchez un pays pour naître
- 3e si vous êtes jeune
- 4e si vous cherchez un pays où l'espérance de vie est élevée
- 5e si vous cherchez un pays où draguer
- 6e si vous cherchez un pays où s'installer
- 6e si vous cherchez un pays où être libre
- 7e si vous cherchez un pays où on est en bonne santé
- 8e si vous êtes une femme
- 9e si vous êtes juif
- 9e si vous cherchez un pays démocratique
- 10e si vous cherchez un pays où les gens sont heureux

Quand vous vivrez en Australie plutôt qu'en France, vous :

– serez 34,3 % plus susceptible d'être obèse
– gagnerez 14,8 % de revenus en plus
– aurez 41,1 % moins de probabilités d'être sans emploi
– dépenserez 10,4 % de moins en impôts et taxes
– dépenserez 18,3 % de moins pour votre santé
– paierez 14,4 % de moins pour vos vêtements

6

LE DANEMARK

Le Danemark arrive en…

- 2e si vous êtes une femme
- 2e si vous êtes jeune
- 2e si vous cherchez un pays qui favorise les affaires
- 3e si vous cherchez un pays où les gens sont heureux
- 5e si vous êtes homosexuel
- 5e si vous cherchez un pays démocratique
- 5e si vous cherchez un pays sûr et en paix
- 5e si vous cherchez un pays prospère
- 5e si vous cherchez un pays pour naître
- 8e si vous êtes progressiste
- 10e si vous cherchez un pays où être libre

Quand vous vivrez au Danemark plutôt qu'en France, vous :

– vivrez 2,4 années de moins
– gagnerez 13,9 % de revenus en plus
– aurez 38,9 % moins de probabilités d'être sans emploi
– aurez 13,9 % moins d'enfants
– aurez 13,3 % plus de probabilités d'avoir un accès à l'Internet
– dépenserez 38,2 % de plus pour l'éducation des enfants
– paierez 5,3 % de plus pour les loisirs et le sport

5

LA FINLANDE

La Finlande arrive en…

- 1er si vous cherchez un pays où être libre
- 1er si vous cherchez un pays où les gens sont heureux
- 2e si vous êtes progressiste
- 3e si vous êtes un enfant
- 3e si vous cherchez un pays prospère
- 5e si vous cherchez un pays qui favorise les affaires
- 6e si vous êtes une femme
- 8e si vous cherchez un pays démocratique
- 9e si vous êtes homosexuel
- 9e si vous cherchez un pays où les salaires sont élevés
- 10e si vous cherchez un pays pour naître

Quand vous vivrez en Finlande plutôt qu'en France, vous :

– vivrez 0,9 année de moins
– aurez 62,5 % de probabilités en moins de mourir durant l'accouchement
– aurez 12,3 % d'enfants en moins
– dépenserez 15,7 % de moins en santé
– dépenserez 30,9 % de plus pour l'éducation des enfants
– verrez 63,5 % de côtes maritimes en plus

4
LE CANADA

Le Canada arrive en…

- 1er si vous êtes homosexuel
- 3e si vous cherchez un pays où s'installer
- 3e si vous êtes une femme
- 4e si vous êtes juif
- 4e si vous cherchez un pays où être libre
- 5e si vous êtes vieux
- 6e si vous cherchez un pays démocratique
- 6e si vous cherchez un pays sûr et en paix
- 6e si vous cherchez un pays où draguer
- 7e si vous cherchez un pays où les gens sont heureux
- 8e si vous cherchez un pays prospère
- 9e si vous cherchez un pays pour naître

Quand vous vivrez au Canada plutôt qu'en France, vous :

- aurez 31,6 % moins de probabilités d'être sans emploi
- dépenserez 34,3 % de moins en impôts et taxes
- aurez 36,1 % plus de probabilités d'être obèse
- serez 33,8 % moins susceptible de vivre sous le seuil de pauvreté
- aurez 15,6 % enfants en moins
- paierez 27,4 % de plus pour le logement

3

LA SUÈDE

La Suède arrive en…

- 1er si vous êtes une femme
- 2e si vous êtes un enfant
- 3e si vous êtes vieux
- 3e si vous êtes homosexuel
- 3e si vous êtes progressiste
- 3e si vous cherchez un pays démocratique
- 3e si vous cherchez un pays où être libre
- 4e si vous cherchez un pays pour naître
- 6e si vous cherchez un pays prospère
- 6e si vous cherchez un pays qui favorise les affaires
- 6e si vous cherchez un pays où on est en bonne santé
- 9e si vous cherchez un pays où l'espérance de vie est élevée
- 9e si vous cherchez un pays où les gens sont heureux
- 9e si vous cherchez un pays où draguer

Quand vous vivrez en Suède plutôt qu'en France, vous :

- gagnerez 17,6 % de revenus en plus
- aurez 30,5 % moins de probabilités d'être sans emploi

– dépenserez 13,7 % de plus en impôts et taxes
– serez 18,8 % moins susceptible de mourir durant l'enfance
– dépenserez 40,0 % de plus pour l'éducation des enfants
– paierez 6,5 de plus pour les transports

2

LA NORVÈGE

La Norvège arrive en…

- 1er si vous cherchez un pays démocratique
- 1er si vous cherchez un pays prospère
- 1er si vous cherchez un pays qui favorise les affaires
- 2e si vous êtes vieux
- 2e si vous cherchez un pays où être libre
- 2e si vous cherchez un pays où les salaires sont élevés
- 2e si vous cherchez un pays où les gens sont heureux
- 3e si vous cherchez un pays pour naître
- 4e si vous êtes une femme
- 4e si vous êtes un enfant
- 4e si vous êtes progressiste
- 6e si vous cherchez un pays au PIB par habitant élevé
- 8e si vous êtes athée
- 9e si vous cherchez un pays où on est en bonne santé
- 10e si vous êtes homosexuel

Quand vous vivrez en Norvège plutôt qu'en France, vous :

– gagnerez 63,9 % de revenus en plus

– aurez 57,9 % moins de probabilités d'être sans emploi
– dépenserez 23,3 % de moins en impôts et taxes
– dépenserez 15,7 % de moins pour votre santé
– dépenserez 40,0 % de plus pour l'éducation des enfants
– paierez 26,7 % de plus pour les courses

1
LA SUISSE

La Suisse arrive en...

- 1er si vous cherchez un pays où s'installer
- 1er si vous êtes vieux
- 1er si vous cherchez un pays pour naître
- 2e si vous cherchez un pays où l'espérance de vie est élevée
- 3e si vous cherchez un pays qui favorise les affaires
- 4e si vous êtes jeune
- 4e si vous cherchez un pays prospère
- 5e si vous cherchez un pays où on est en bonne santé
- 5e si vous cherchez un pays où les gens sont heureux
- 7e si vous êtes une femme
- 7e si vous êtes progressiste
- 9e si vous cherchez un pays au PIB par habitant élevé
- 10e si vous cherchez un pays démocratique
- 10e si vous cherchez un pays sûr et en paix

Quand vous vivrez en Suisse plutôt qu'en France, vous :

– gagnerez 40,2 % de revenus en plus

– aurez 68,4 % moins de probabilités d'être sans emploi
– dépenserez 20,3 % de moins en impôts et taxes
– serez 53,5 % moins susceptible de vivre sous le seuil de pauvreté
– aurez 13,9 % d'enfants en moins
– paierez 54,3 % de plus au restaurant

CROISONS LES CLASSEMENTS

Je vous propose maintenant de croiser divers critères correspondant à ce que vous êtes et à ce que vous cherchez, afin de déterminer l'endroit qui vous conviendrait le mieux.

Par exemple :

Si vous êtes jeune, que vous cherchez un pays où les salaires sont élevés et qui favorise les affaires, vous devriez vivre au **Royaume-Uni**.

Si vous êtes athée, que vous cherchez un pays où être libre et prospère, vous devriez vivre aux **Pays-Bas**.

Si vous êtes homosexuel, que vous cherchez un pays où on est en bonne santé et où on mange bien, vous devriez vivre en **Espagne**.

Si vous êtes croyant, que vous cherchez un pays où on mange bien et où draguer, vous devriez vivre en **Italie**.

Si vous êtes jeune, que vous cherchez un pays qui favorise les affaires et où s'installer, vous devriez vivre en **Allemagne**.

Si vous êtes progressiste, que vous cherchez un pays sûr et en paix et où on est en bonne santé, vous devriez vivre en **Islande**.

Si vous êtes croyant, que vous cherchez un pays où les salaires sont élevés et qui favorise les affaires, vous devriez vivre aux **États-Unis**.

Si vous êtes vieux, que vous cherchez un pays où l'espérance de vie est élevée et qui favorise les affaires, vous devriez vivre en **Suisse**.

Si vous êtes progressiste, que vous cherchez un pays démocratique où draguer, vous devriez vivre en **Irlande**.

Si vous êtes un enfant, que vous cherchez un pays au PIB par habitant élevé où on est en bonne santé, vous devriez vivre à **Singapour**.

Si vous êtes athée, que vous cherchez un pays où l'espérance de vie est élevée et où les salaires sont élevés, vous devriez vivre au **Japon**.

Si vous êtes une femme, que vous cherchez un pays prospère et où les gens sont heureux, vous devriez vivre en **Norvège**.

Si vous êtes progressiste, que vous cherchez un pays sûr et en paix et où draguer, vous devriez vivre en **Nouvelle-Zélande**.

Si vous êtes jeune, que vous cherchez un pays où draguer et où on est en bonne santé, vous devriez vivre en **Australie**.

Si vous êtes jeune, que vous cherchez un pays qui favorise les affaires et où les gens sont heureux, vous devriez vivre au **Danemark**.

Si vous êtes jeune, que vous cherchez un pays au PIB par habitant élevé et qui favorise les affaires, vous devriez vivre au **Luxembourg**.

Si vous êtes un enfant, que vous cherchez un pays démocratique et où on est en bonne santé, vous devriez vivre en **Suède**.

Si vous êtes progressiste, que vous cherchez un pays où être libre et où les gens sont heureux, vous devriez vivre en **Finlande**.

Si vous êtes homosexuel, que vous cherchez un pays où être libre et où les gens sont heureux, vous devriez vivre au **Canada**.

Si vous êtes jeune, que vous cherchez un pays sûr et en paix et où il fait beau, vous devriez vivre au **Portugal**.

À vous maintenant de réaliser vos propres croisements afin de trouver le pays qui vous convient le mieux !

SOURCES

Les chiffres utilisés dans cet ouvrage sont les derniers disponibles au moment de sa rédaction. Ils datent pour la plupart de 2019, et portent le plus souvent possible sur tous les pays du monde, sauf quand précisé.

Banque Mondiale

Bloomberg : *Healthiest Country Index*

Central Connecticut State University : *World's Most Literate Nations*

Central Intelligence Agency (CIA) : *World Factbook*

Commonwealth Secretariat : *Global Youth Development Index and Report*

Deutsche Bank : *Mapping the world prices*

Durex : *Global Sex Survey*

Economist Intelligence Unit : *Democracy Index, Where to Be Born Index*

FM Global : *Resilience Index*

Fonds Monétaire International (FMI) : *World Economic Outlook*

Freedom House : *Freedom in the World report*

Future Brand : *Country Index*

Georgetown Institute : *Women, Peace and Security Index*

GO Banking Rates

HelpAge International : *Global Age Watch Index*

Henley & Partners : *Passport Index*

HSBC : *Expat Explorer Survey*

Institute for Economics and Peace : *Global Peace Index*

Institute for Health Metrics and Evaluation

Institute of Economic Affairs : *Nanny State Index*

International Humanist and Ethical Union,

InterNations : *Expat Insider*

Legatum : *Prosperity Index*

Live Football Tickets : *International Sporting Index*

Mercer : *Cost of Living Survey*

Michael Page

Ministère des Affaires étrangères

Mori Memorial Foundation : *Global Power City Index*

MoveHub : *Hipster Index*

Nomad List

Numbeo : *Cost of Living Index*

Organisation de coopération et de développement économiques (OCDE)

Office des Nations Unies contre la drogue et le crime

Organisation des Nations unies (ONU) : *Human Development Index, World Happiness Report*

Organisation internationale du travail

Organisation Météorologique Mondiale

Organisation mondiale de la Santé

Oxfam : *Good Enough to Eat Index*

Pew Research Center : *Freedom of Thought Report*

PwC : *Women in Work Index*

Ranker

Rough Guides

Save the Children : *Global Childhood Report, State of the World's Mothers Report*

United States Secretary of State : *Countries of Concern*

Spartacus International Gay Guide : *Gay Travel Index*

Transparency International : *Corruption Perception Index*

Université Notre-Dame : *Notre-Dame Global Adaptation Index*

US News & World Report : *Best Countries ranking*

Wealth-X : *World Ultra Wealth Report*

Worldwide Independent Network/Gallup International Association (WIN/GIA)

pcacmb
édition pré-presse
livres numériques

44400 Rezé

RING

–

Dépôt légal : février 2020
Numéro d'édition : 2049796
ISBN : 978-2-37934-002-4